Couverture Inférieure manquante

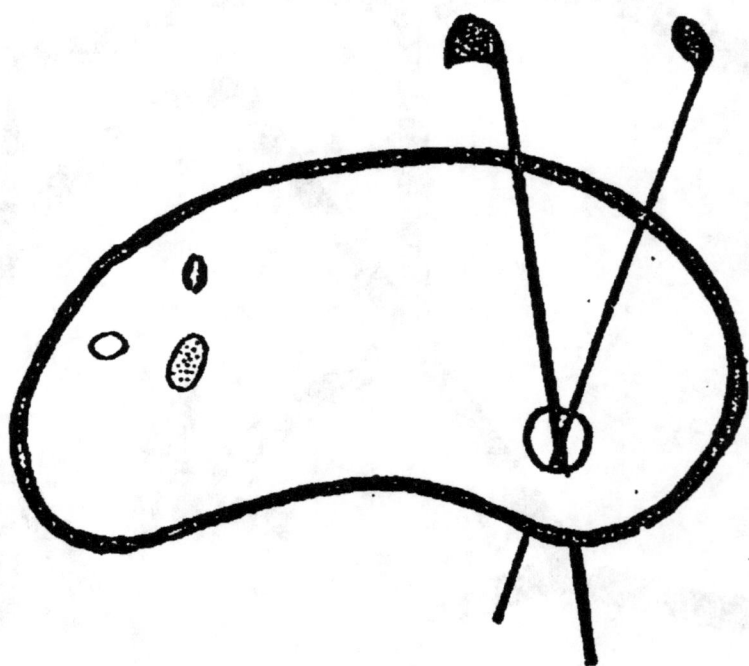

DEBUT D'UNE SERIE DE DOCUMENTS
EN COULEUR

SCIENCE

Pour s'enrichir honnêtement et facilement,
bien régir sa maison
et devenir bon, beau et heureux,

intitulée

L'ÉCONOMIE DE XÉNOPHON

traduite

par Maître GEOFROY TORY de BOURGES

Revue et annotée par MINOS

> Quand on a embrassé un art en son entier, la
> même méthode sert à juger de tous les autres.
> (PLATON.)

> La vie engendre la vie ; une idée féconde
> exerce son influence sur toutes les époques.
> (NAPOLÉON Ier.)

EN VENTE :

PARIS
LIBRAIRIE BOULINIER
19, Boul¹ St-Michel.

PAU
LIBRAIRIE A. LAFON
3, rue Henri IV.

1905

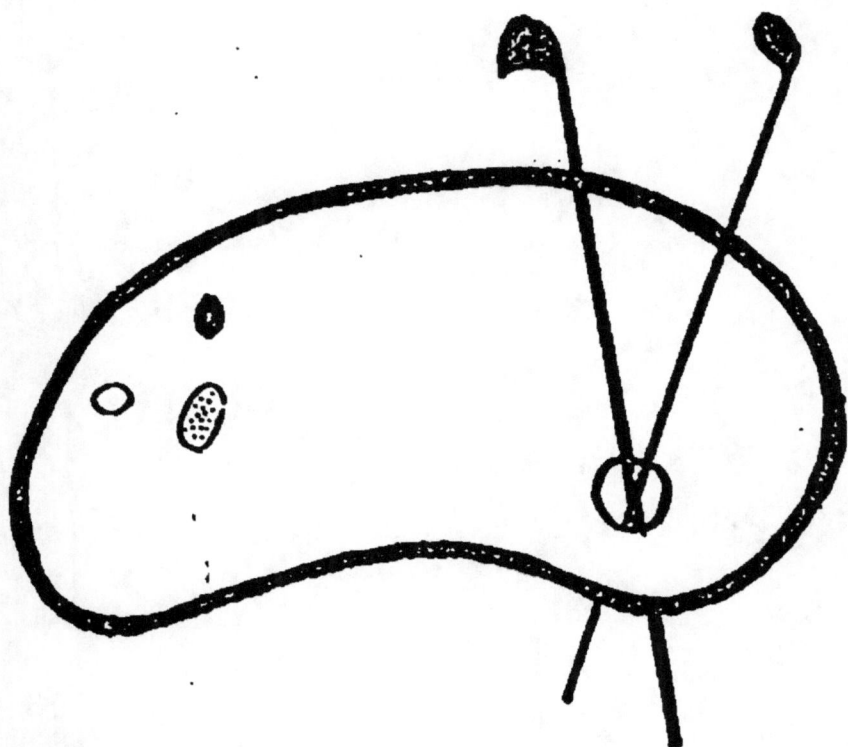

FIN D'UNE SERIE DE DOCUMENTS
EN COULEUR

AVANT-PROPOS

L'utile et charmant dialogue de Xénophon, que nous cherchons à vulgariser, exerce depuis longtemps l'émulation des traducteurs et des littérateurs. Laissant de côté les éditions et traductions des « œuvres complètes » de ce remarquable écrivain, nous trouvons cet ouvrage présenté au public, dès 1531, sous le titre suivant :

> « Économie de Xénophon », c'est-à-dire Domestiques institutions pour bien régir sa famille et augmenter son bien particulier... Traduit et publié par Maistre Geofroy Tory, de Bourges.

Quelques années après le même traducteur en donnait une 2me édition sous le titre de :

> Science pour s'enrichir honestement et facilement, intitulée : L'Économie de Xénophon...

En 1562 il devient :

> Le Mesnagier de Xénophon, traduit de grec en français par F. de Ferris, médecin de Toulouse...

En 1572 et 1600, il reparait sous le patronage de deux hommes célèbres avec ce titre :

> Mesnageries d'Aristote et de Xénophon, traduites de grec en français par Estienne de la Boétie et mises en lumière par Michel sieur de Montaigne.

Pyramus de Candole et Ph. Dumas le traduisent de nouveau ; Legouvé en publie une remarquable analyse dans le *Magasin Pittoresque ;* en 1851, Prévost Paradol écrit dans le *Journal de l'Instruction publique :* « *Ce petit livre, si digne d'étude, peint fidèlement l'âme de Xénophon et le génie de la Grèce. Simple dans ses beautés et dépourvu de prétention, il est de ceux qui ne passeront pas.* »

Depuis il a été traduit et publié un grand nombre de fois sous le titre de *L'Économique de Xénophon.* Il nous semblerait plus méthodique de conserver la trace des relations qui le lient à l'*Économie Politique,* qu'il a grandement contribué à faire naître, et de l'intituler :

> Économie Personnelle et Domestique, Science pour devenir bon, beau, riche et heureux.

Ce qui indiquerait nettement deux des principales sections de cette science qui s'applique à la personne et à la famille aussi bien qu'à la politique.

Le cadre de cette édition ne nous permet pas de grouper, ni même de résumer, les travaux biographiques et littéraires qu'une foule d'écrivains remarquables ont consacré à Xénophon ; nous nous bornerons à prévenir les lecteurs que, dans notre travail de révision, nous nous sommes spécialement attachés à employer les expressions les plus propres à faciliter la compréhension et l'assimilation de *la Méthode de Socrate* telle que nous l'avons entrevue après une longue et consciencieuse étude de ses principaux disciples dont nous citerons quelques appréciations :

CICÉRON fit une traduction de l'*Économie* de Xénophon ; il écrivait dans le *de Officiis* : « *Qu'il y ait dans nos propos de la douceur, des grâces et jamais de prétention, c'est en quoi excellent les disciples de Socrate.* » Il disait ailleurs : « *Il semble que les Muses ont parlé par la bouche de Xénophon ; son style est plus doux que le miel.* »

N'oublions jamais le précepte d'HORACE, dans son *Art poétique* : « *Le bon sens est le principe et la source des bons écrits : vous pourrez apprendre le fond des choses dans les livres inspirés par Socrate ; méditez bien votre sujet et les mots arriveront d'eux-mêmes.* »

Dans ses Satyres, PERSE dit à son maître Cornutus : « *A cet âge où la route s'ouvre incertaine, où l'expérience de la vie partage l'esprit irrésolu entre divers sentiers, je me plaçais sous ton égide. Jeune encore, reçu dans ton sein, tu daignes me former à la discipline de Socrate. Dès lors, soumis à cette règle qui sait me charmer, je sens mes mœurs se redresser et pressé par la raison mon cœur s'efforce d'être subjugué !* »

Plutarque dit : « *Socrate... fit voir le premier, que la pratique de la philosophie avait lieu dans tout le cours de la vie, dans toutes les circonstances et dans toutes les situations où l'on peut se trouver...* »

Méditons ce jugement de DION CHRYSOSTÒME, qui fut admis dans la confiance de Vespasien, Nerva et Trajan : « *Xénophon, à lui seul parmi les anciens, peut, selon moi, suffire à un homme public... L'étude la meilleure, à mon sens et la plus utile, c'est la lecture de Xénophon. Les pensées, en effet sont claires, simples, intelligibles pour tous ; la forme du récit est agréable, charmante, persuasive, remplie de vérité, de grâce et de vivacité ; ce n'est pas seulement de la force, c'est de la magie...* »

Écoutez QUINTILIEN : « *Quelles louanges ne mérite pas cette douceur charmante de Xénophon, si simple, si éloignée* de toute affectation... *Vous diriez que les Grâces elles-mêmes ont composé son langage et l'on pourrait lui appliquer ce qu'on dit de Périclès : La Déesse de la persuasion habitait sur ses lèvres. »*

Pour en finir avec les anciens, citons un des derniers traducteurs de Xénophon qui écrivait : « CICÉRON, VIRGILE, PLINE l'ancien, COLUMELLE *et peut-être aussi le vieux* CATON *sont venus, tour à tour, transmettre aux cultivateurs Romains les idées, les observations et les conseils de « l'Économie » qui peuvent être, encore de nos jours, d'une utilité positive et immédiate pour les cultivateurs de notre époque. »* (TALBOT).

Ecoutons attentivement RAMUS : « *Après que je fus gradué pour Maistre-es-arts, je ne me pouvais satisfaire en mon esprit, et je jugeais en moi-même que ces disputes ne m'avaient apporté autre chose que perte de temps. Ainsi étant en cet émoi, je tombais, comme conduit par quelque bon ange, en Xénophon puis en Platon, où je connus la philosophie de Socrate... »*

MONTAIGNE semble avoir bien profité des enseignements de cette *Mesnagerie* de Xénophon qu'il avait « mise en lumière » : « *Il ne nous faut guère de doctrine pour vivre à notre ayse : et Socrate nous apprend qu'elle est en nous, et la manière de l'y trouver et de s'en aider... Celluy-ci ne se propose point de vaines fantaisies : sa fin fut, nous fournir de choses et de préceptes qui réellement et plus ioinctement servent à la vie : Régler ses actions, avoir un but, et suivre la Nature... Je conçois aysément Socrates en la place d'Alexandre ; Alexandre en celle de Socrates, je ne puis. Qui demandera à celui-là ce qu'il sait faire, il répondra : « subjuger le monde ». Qui le demandera à celluy-ci, il dira : « mener l'humaine vie conformément à sa naturelle condition » ; science bien plus générale, plus poisante et plus légitime. »*

TALBOT nous dira : « BOSSUET *et* FÉNELON *ont repris dans Xénophon les raisonnements par lesquels Socrate démontrait à ses disciples l'existence de Dieu et l'action bienfaisante et conservatrice de sa providence.* SULLY *et* ROUSSEAU *se sont inspirés de certains passages de* L'ÉCONOMIE. »

LA HARPE, parlant de Xénophon, disait : « *Depuis lui, jusqu'à Fénelon, nul homme n'a possédé au même degré le talent de rendre la vertu aimable. »*

LETRONNE a écrit : « *Xénophon est un homme essentiellement pratique, mêlé aux hommes et aux choses de son temps »* et un traducteur ajoute : « *Xénophon nous représente Socrate s'efforçant d'apprendre aux hommes l'art de bien vivre... Xénophon nous apprend à vivre, c'est-à-dire à penser, à parler, à agir et à jouir de la vie. »*

Passons aux étrangers.

GOLDSMITH dit : « *Quelle lecture offre plus d'intérêt que Tite-Live ? Quel historien a peint la vertu sous des traits plus aimables que Xénophon ? Salluste est un modèle de l'exactitude la plus scrupuleuse ; Tacite, de réflexions justes et profondes. C'est en se familiarisant avec ces auteurs que le jeune étudiant apprendra à sonder les replis du cœur humain, acquerra l'art de penser et de s'exprimer avec justesse, ainsi que des connaissances exactes sur l'antiquité, avantages que peut-être il ne trouverait chez aucun écrivain d'une autre nation ou d'un autre siècle.* »

Un des biographes de B. FRANKLIN écrit : A l'âge de 16 ans, il lut le *Traité de Locke sur l'entendement humain*, la *Logique de Port Royal*, les *Mémoires sur Socrate de Xénophon*. Ces livres, en lui apprenant à se rendre compte de ses idées et à les élucider, firent époque dans sa vie ; et lui-même le confirme ainsi : « *Je rencontrais une grammaire anglaise à la fin de laquelle il y avait deux petits essais sur la rhétorique et la logique. Je trouvais dans le dernier un modèle de dispute selon la méthode de Socrate. Peu de temps après je me procurais l'ouvrage de Xénophon intitulé : Les choses mémorables de Socrate, dans lequel l'historien grec donne plusieurs exemples de la même méthode. Charmé, jusqu'à l'enthousiasme, de cette manière de discuter, je l'adoptais.* » Franklin terminait ainsi sa liste des vertus et des préceptes : « *Humilité. Imitez Jésus et Socrate.* »

HERDER, qui vécut en Allemagne, à peu près à la même époque, partageait les idées de Franklin, car il a dit : « *Par sa méthode, par ses mœurs, par la culture morale qu'il se donna et qu'il ne cessa d'appliquer aux autres, plus que tout cela, par l'exemple de sa mort, Socrate est digne de servir à jamais de modèle au genre humain.* »

Enfin, si nous avions à formuler notre opinion, après celles de tant d'hommes éminents, nous dirions que XÉNOPHON, en retraçant ce portrait du « meilleur des hommes *beaux et bons* », nous semble avoir mis en œuvre tout son génie pour léguer à la postérité un ouvrage aussi bon que beau, et aussi utile par le fond, que merveilleux par la forme.

L'ÉCONOMIE DE XÉNOPHON

Premier Chapitre.

Un jour, j'entendis Socrate s'entretenir ainsi sur l'*Économie :*
— Dis-moi Critobule, l'*Économie* est-elle un art, une science,
comme la médecine, la serrurerie et l'architecture ?[1] — Il me
semble, dit Critobule. — Bien, mais pouvons-nous dire quel est
le but de l'*Économie* comme nous pouvons dire le but de chacun
des arts ? — Je crois, dit Critobule, qu'un bon économe doit
avoir pour but de rendre prospère sa maison. — Et, reprit
Socrate, si on lui confiait la maison d'un autre, ne pourrait-il pas,
s'il le voulait, la rendre prospère aussi bien que la sienne ?
— Je le crois. — Alors, dit Socrate, un homme pauvre connaissant
bien l'*Économie*, pourrait, comme économe, recevoir un salaire
aussi bien qu'un architecte ? — Certainement, dit Critobule, et
même un salaire plus élevé, si, grâce à sa vigilance, il augmentait
la prospérité de la maison qui lui serait confiée. — Mais qu'entendons-nous exactement par ce mot, *maison ?* Entendons-nous
seulement une habitation, ou bien, tout ce que l'on possède, même
en dehors de l'habitation, fait-il partie de la maison ? — Je le
crois, dit Critobule, et, quand même on ne serait propriétaire
d'aucune maison, tout ce que l'on a doit être compris sous ce mot
de maison.

— Mais n'a-t-on pas des ennemis ? — Oui, par Jupiter, et
quelques-uns en ont beaucoup. — Dirons-nous que les ennemis
font partie des biens ? — Il serait plaisant, dit Critobule, qu'on
reçut un salaire pour avoir augmenté le nombre des ennemis de
quelqu'un[2] — Ne viens-tu pas de dire que tout ce que l'on a doit

---

1. — Cette question est importante, car les disciples de Socrate devaient
probablement en tirer des déductions assez semblables aux suivantes : Si
l'économie est un art, une science, 1° Elle a des principes et des règles ;
il est possible de les trouver ; il est indispensable de les posséder pour
être sûr de faire quelque chose de bien dans la pratique. 2° Elle a sa
place marquée dans la classification des sciences (car il n'y a rien d'isolé en
ce monde) et ses éléments constitutifs ont une certaine analogie avec ceux
des sciences qui doivent être classées avant ou après. 3° S'il y a une branche
de l'économie qui s'applique aux choses matérielles, il doit en exister une
autre qui s'applique aux choses intellectuelles correspondantes.

2. — Critobule ne répond pas à la question posée par Socrate. Un peu
plus loin Socrate donne deux exemples de l'utilité qu'on peut retirer des
ennemis. Épictète en a donné d'autres, et je ne me souviens plus quel mora-
liste a fait remarquer que c'est presque notre seule ressource pour connaître
la vérité en ce qui concerne nos défauts ; ne négligeons donc pas cette
question, car si les ennemis peuvent être utiles les amis peuvent être
nuisibles.

être compris sous le mot de maison ? — Quand c'est quelque chose de bon, mais, par Jupiter, quand c'est quelque chose de mauvais, je ne le mets pas au rang des biens. — Il me semble que tu appelles bien ce qui est utile à chacun ? — C'est cela même, car ce qui est nuisible est un mal et non un bien. — Alors, un cheval ne serait pas une valeur pour celui qui, l'ayant acheté sans savoir l'équitation, tomberait et se ferait du mal ? — Non, puisqu'une valeur est un bien. — La terre n'est donc pas une valeur pour celui qui s'appauvrit en la cultivant. — Il est évident qu'elle n'est pas une valeur lorsqu'elle appauvrit celui qui la cultive au lieu de l'enrichir. — Diras-tu la même chose au sujet des brebis ? Sont-elles une valeur pour le berger qui, ne sachant point en tirer parti, éprouve des pertes ? — Pas du tout, à mon avis. — Ainsi, à ton avis, ce qui est utile est une valeur et ce qui est nuisible est le contraire ? — Oui. — La même chose est donc une valeur pour celui qui sait en faire usage et le contraire pour celui qui ne le sait pas. Ainsi une flûte est une valeur pour celui qui en sait jouer, tandis qu'elle n'est pas plus utile que n'importe quel morceau de bois à celui qui ne le sait pas. — A moins qu'il ne la vende. — Oh ! si nous vendons la flûte elle devient une valeur, mais, si nous ne la vendons pas, elle n'est pas une valeur pour nous qui la gardons sans savoir en jouer [1]. — C'est logique, Socrate, nous avons dit que ce qui est utile est une valeur, il en résulte qu'une flûte non vendue n'est pas une valeur puisqu'elle est inutile, tandis que vendue elle devient une valeur [2]. — Oui, reprit Socrate, mais il faut encore savoir la vendre ; car, si on la vend à un homme qui ne sait pas en jouer, d'après ton raisonnement, il n'acquerra pas une valeur. — Il me semble, Socrate, que tu as envie de dire que l'argent même n'est pas une valeur pour celui qui ne sait pas s'en servir. — Mais il me semble que tu conviens que l'utile seul peut avoir quelque valeur. Or, si quelqu'un emploie son argent pour se procurer une maîtresse qui ruine sa maison, son corps et son esprit, dirons-nous que l'argent lui est utile ? — Pas du tout, car il faudrait alors appeler valeur la jusquiame qui rend fous tous ceux qui en mangent [3]. — Que l'argent soit donc considéré comme

---

1. — On pourrait se demander si le texte n'est pas défectueux, car si nous conservons la flûte en bon état nous pourrons la vendre un jour et alors c'est une valeur, comme une pièce de monnaie ou des provisions que nous gardons pour le lendemain ? Il faut croire que Socrate se bornait (ainsi que Platon l'a fait après lui) à donner à ses disciples de « légères indications » dont ils devaient chercher à tirer les conséquences.

2. — Même observation que ci-dessus au sujet du texte ou de l'impuissance du langage, car les dialecticiens grecs n'auraient pas manqué demander comment une chose peut être une valeur pour celui qui ne l'a plus ?

3. — Cette jusquiame ressemble singulièrement à notre absinthe ou à notre eau-de-vie, qui souvent serait mieux nommée « eau-de-mort ». Les hommes font des remèdes avec des poisons, mais ils changent plus souvent le bien en mal que le mal en bien.

une chose sans valeur pour celui qui ne sait pas le faire servir aux choses utiles.

— Mais que dirons-nous des amis quand on sait s'en servir ? — Par Jupiter, nous dirons que ce sont des valeurs, répondit Critobule, et ils le méritent mieux que les bœufs puisqu'ils sont beaucoup plus utiles. — Alors, d'après ton raisonnement, les ennemis sont des valeurs pour ceux qui savent en tirer parti ? — Assurément. — Tu sais, en effet, Critobule, combien de tyrans et combien de particuliers se sont enrichis à la guerre [1].

— Je suis de ton avis, Socrate, mais que penser lorsque nous voyons certaines personnes qui, grâce à leurs talents et à leurs ressources, pourraient, avec un peu de travail, faire prospérer leurs maisons, s'obstiner à ne rien faire et ainsi rendre leurs talents inutiles ? Peut-on ne pas dire que pour elles, les talents ne sont ni des valeurs ni des biens [2] ? — Tu veux, sans doute, parler des esclaves ? repartit Socrate. — Non, par Jupiter, mais de citoyens, considérés comme les premiers de la ville ; les uns sont habiles dans les arts de la guerre, les autres dans ceux de la paix, mais ils n'en retirent aucun avantage, à mon avis, parce qu'ils n'ont pas de maîtres. — Comment n'auraient-ils pas de maîtres, dit Socrate, alors que, malgré le désir d'être heureux et la volonté de faire tout ce qui mène au bonheur ils se trouvent empêchés par des tyrans tout puissants. — Quels sont, reprit Critobule, ces tyrans tout puissants et invisibles qui les gouvernent ? — Par Jupiter, dit Socrate, ils ne sont pas invisibles [3], on peut les voir clairement ; et, si tu donnes le nom de perversité à la paresse, à l'insouciance, à la mollesse de l'âme, tu n'ignores pas combien ils sont pervers.

Il y a encore beaucoup d'autres perfides tyrans : les jeux de hasard, les sociétés frivoles, qui trompent en prenant les apparences du plaisir ; au bout de quelque temps, démasqués par leurs dupes mêmes, ils montrent clairement qu'ils ne sont que des peines déguisées dont la domination détourne des travaux utiles ceux qui se soumettent à leur tyrannie. — Mais, Socrate, un grand nombre d'hommes, loin d'être détournés du travail par ces tyrans montrent beaucoup d'activité et d'industrie pour augmenter leurs biens et cependant tous leurs efforts sont inutiles et ils ruinent leurs maisons. — Parce qu'ils sont encore esclaves et asservis à des maîtresses implacables : la gourmandise, l'ivrognerie, la lubricité, la prodigalité, la folle ambition et tant d'autres qui

---

1. — Voir la note 2 de la page 1.

2. — N'oublions pas que Socrate comprenait tout ce qu'on possède sous le terme de « maison » et qu'il devait mettre au premier rang le corps et surtout l'esprit.

3. — Passage intéressant à rapprocher de certains textes dans lesquels Platon fait allusion à *des gardiens* auxquels les Dieux auraient confié la surveillance des troupeaux humains.

imposent un joug si lourd à ceux qui se laissent dominer par elles. Tant que les hommes sont jeunes et capables de travailler, elles accaparent tout le fruit de leur travail et exigent qu'ils satisfassent tous leurs caprices ; puis quand ils sont incapables de travailler à cause de leur grand âge, elles les abandonnent à une vieillesse misérable et vont chercher d'autres esclaves. Pour conserver notre indépendance morale, Critobule, le devoir nous commande de lutter contre tous ces ennemis avec plus de courage que contre ceux qui nous attaqueraient les armes à la main, afin de nous réduire en esclavage. Car de nobles ennemis, en donnant des lois aux vaincus, les ont souvent forcés à devenir meilleurs et les ont rendus plus heureux pour l'avenir, tandis que ces tyrans impérieux ruinent l'esprit, le corps et la maison de tous ceux qui se soumettent à leur empire.

Deuxième Chapitre.

Critobule dit alors : — Il me semble, Socrate, que je saisis bien toute l'importance de ce que tu viens de dire, et, m'examinant moi-même au sujet de cet esclavage, je crois que j'ai suffisamment conservé ma liberté ; de sorte que, si tu veux me donner des conseils sur ce que je dois faire pour rendre prospère ma maison, je pense que ce que tu nommes des tyrans ne m'empêchera pas de les suivre ; donne-moi donc, avec confiance, tes meilleurs conseils, car je ne pense pas que tu nous trouves assez riches pour n'avoir plus rien à acquérir ? — Si tu parles de moi, dit Socrate, je crois n'avoir plus besoin de rien gagner, je me trouve assez riche ; mais toi, Critobule, tu me sembles réellement pauvre, et, par Jupiter, il y a des moments où j'ai pitié de toi.

— Par tous les Dieux, dit Critobule, en se mettant à rire, si nous vendions tous nos biens, quelle somme crois-tu donc que nous pourrions trouver, toi des tiens et moi des miens ? — Si je rencontrais un bon acquéreur, il me semble qu'il pourrait facilement donner cinq mines de ma maison et de tout ce qui m'appartient ; mais je suis sûr qu'il donnerait cent fois plus de tes biens. — Quoi ! tu sais cela, et tu penses être assez riche, et tu as pitié de ma pauvreté ? — Oui, parce que le peu que j'ai suffit à mes besoins [1], tandis que toi, alors même que tu aurais le triple de ce que tu possèdes, il me semble que tu ne pourrais pas suffire à tout ce qu'on attend de toi à cause de tes habitudes de luxe.

— Pourquoi ? — D'abord, répondit Socrate, en cherchant à lui

---

[1]. — Voilà, le vrai critérium, le mètre, la balance et les poids... de la véritable richesse ? Platon a écrit : « La science de se suffire à soi-même » est la richesse par excellence. » Et Epictète disait : « Ce n'est pas la » pauvreté qui afflige, mais le désir. »

expliquer les causes, parce que tu es obligé d'offrir de grands et
nombreux sacrifices pour te rendre favorables les Dieux et les
hommes ; ensuite, étant donné ton rang, tu dois offrir l'hospitalité
à de nombreux étrangers et les traiter avec magnificence ; pour
conserver des partisans, tu dois souvent inviter à dîner tes
concitoyens, et leur rendre toutes sortes de services. Ce n'est pas
tout : pendant la paix, le peuple t'impose des charges onéreuses :
tu dois entretenir des chevaux, subvenir aux frais des chœurs,
présider les concours de gymnastique et aider nos alliés ; s'il
survient une guerre, tu seras nommé triérarque et chargé de
dépenses et de contributions si élevées, qu'il ne te sera pas facile
d'y faire honneur ; et, si tu ne fournis pas à tout largement, les
Athéniens te puniront avec la même sévérité que s'ils te surpre-
naient à voler leurs biens. Je vois en outre que, te croyant riche,
tu négliges les moyens de faire fortune, tu t'occupes de bagatelles,
comme si tu n'avais rien de mieux à faire. Voilà pourquoi j'ai
pitié de toi, je crains qu'il ne t'arrive malheur et que tu tombes
dans une extrême indigence. Quant à moi, si je tombais dans
l'indigence, tu sais toi-même qu'il y a telles personnes dont les
modiques bienfaits ramèneraient bien vite l'abondance dans ma
maison ; tandis que, au contraire, tes amis, qui ont plus de
ressources que toi pour soutenir leur rang, ne cherchent qu'à
t'exploiter.

— Je n'ai rien à répliquer à cela, Socrate, viens donc à
mon aide, il en est temps pour que je ne devienne pas un objet
de pitié. — Ne t'aperçois-tu pas que tu te contredis, Critobule ?
il n'y a qu'un instant, lorsque j'ai dit que j'étais assez riche,
tu t'es moqué de moi, comme si je ne savais pas même en quoi
consiste la richesse ; tu as insisté de manière à me forcer d'avouer
que mes biens n'égalent pas la centième partie des tiens, et à présent, tu réclames mon aide et mes soins pour éviter de tomber
dans une réelle pauvreté ! — Parce qu'il me semble, Socrate, que
tu connais un moyen sûr de s'enrichir. Or, celui qui sait gagner
avec de petites ressources, peut, avec de plus grandes, faire une
grande fortune. — Aurais-tu déjà oublié ce que tu disais tout à
l'heure, me laissant à peine le temps de parler : que ni les chevaux,
ni les troupeaux, ni les terres, ni l'argent ne sont des biens pour
celui qui ne sait pas s'en servir [1] ; on peut, il est vrai, en tirer des
revenus, mais comment veux-tu que je sache le faire moi qui n'en
ai jamais possédé ? — Cependant, Socrate, nous avons admis que
de l'*Économie* existe indépendamment de la possession de tout

---

1. — D'où il faut tirer cette conclusion que nous devons commencer par
apprendre à nous servir des choses ; et cela conduit au doute Socratique.
Voilà pourquoi Platon veut que nous nous demandions : Si nous avons
appris, où, quand et de qui, et quelles preuves nous pouvons donner de
notre savoir aux autres ou à nous-mêmes.

bien [1] ; qu'est-ce qui peut donc t'empêcher de l'avoir ? — Ce qui empêche un homme de savoir jouer de la flûte quand il n'a jamais eu de flûte et que personne ne lui en a prêté pour apprendre la manière de s'en servir ; voilà où j'en suis en ce qui concerne l'*Économie*. Les biens sont l'instrument nécessaire pour s'exercer, or je n'en ai jamais eu [2] et jamais personne avant toi n'a eu l'idée de me confier ses biens. Ceux qui apprennent pour la première fois à jouer de la cithare, abîmeraient même les lyres ; il en serait de même pour moi ; si je faisais mon apprentissage avec tes biens, je risquerais de te ruiner.

— Tu as envie de m'échapper, Socrate, et tu refuses de partager les charges qui pèsent sur moi. — Non, par Jupiter ! c'est, au contraire, avec plaisir que je te ferai part de ce que je sais : suppose que tu viens chez moi me demander du feu ; si, n'en ayant pas, je t'indiquais une maison où tu pourrais t'en procurer, il me semble que tu n'aurais pas sujet de te plaindre de moi ? Suppose encore que tu viens me demander de l'eau ; si, n'en ayant pas, je te conduisais dans une maison où tu pourrais t'en approvisionner, je suis sûr que tu ne te plaindrais pas de moi ? Enfin, si, me priant de t'apprendre la musique, je te conduisais vers des maîtres beaucoup plus habiles que moi et qui seraient charmés de te donner des leçons, quel reproche aurais-tu à me faire ? — Aucun, qui soit juste, Socrate. — Eh bien, je vais t'indiquer des gens qui sont plus habiles que moi dans cette science dont tu me demandes de te donner des leçons. J'ai cherché soigneusement quels sont, dans chaque genre, les meilleurs maîtres d'Athènes [3] ; car, ayant remarqué un jour que, parmi les gens qui exercent la même profession, les uns restent pauvres, tandis que les autres s'enrichissent, il me parut très utile de rechercher les causes de cette différence ; et cette étude me fit voir clairement que tout se passait conformément aux lois de la nature, car je constatais que ceux qui exercent ces professions sans règles et sans principes se ruinent immanquablement, tandis que ceux dont les opérations sont réglées avec sagesse font sans peine une fortune rapide. A l'école des maîtres que je t'indiquerai et avec l'aide des Dieux, je crois que tu pourras devenir un habile administrateur.

---

1. — Comme les axiomes de l'arithmétique, de l'algèbre ou de la géométrie existent indépendamment des chiffres, lettres ou figures. Du reste, aucun être ne peut exister sans posséder, suivant sa nature, des biens matériels ou intellectuels.

2. — Nous pouvons cependant faire une distinction que Xénophon semble avoir voulu nous réserver dans tout le cours de cet ouvrage, savoir : que l'on peut apprendre beaucoup de choses en regardant les habiles jouer de la musique, peindre, sculpter, compter, mesurer, administrer, etc.

3. — Si Socrate a jugé nécessaire de faire cette recherche, ne devons-nous pas la faire avec le plus grand soin, nous qui sommes si loin de lui ? Et d'ailleurs n'est-ce pas le moyen le plus simple et le plus sûr de se rendre compte des modifications que la pratique doit faire subir à la théorie par suite des changements de temps, de lieux et de mœurs ?

Troisième Chapitre.

A présent, Socrate, je ne te laisserai pas partir, avant que tu ne m'aies donné, en présence des amis que voici, les indications que tu viens de me promettre. — Eh bien, Critobule, si d'abord je te montre des gens qui construisent à grands frais des maisons incommodes, tandis que d'autres, avec beaucoup moins de dépense, en construisent qui sont très confortables, est-ce que cela seul ne te paraîtra pas une leçon d'*Économie?* — Assurément.

— Si je te fais voir, ce qui en est la conséquence, des gens qui possèdent des objets mobiliers de toute espèce, mais qui, ne prenant pas soin de se rendre compte s'ils sont en bon ou mauvais état, ne peuvent pas s'en servir en cas de besoin, et qui, à cause de cette négligence, se tourmentent sans cesse, et sans cesse tourmentent leurs serviteurs ; tandis que d'autres, sans en avoir autant, et même en ayant moins, les trouvent tout prêts lorsqu'ils veulent s'en servir? — La cause de cette différence, Socrate, n'est-elle pas que, chez les uns, tout est en désordre, tandis que chez les autres, chaque chose est à sa place ? — Oui, Critobule, mais il faut encore que ce soit la place convenable, et non une place choisie au hasard. — Voilà encore, si je ne me trompe, une leçon d'*Économie.*

— Si je te montre ici des esclaves presque tous enchaînés et qui cependant s'échappent souvent et là des esclaves qui, libres de toutes chaînes, travaillent volontiers et ne cherchent jamais à s'échapper, ne trouveras-tu pas que je t'expose un fait *Économique* remarquable ? — Très remarquable, assurément.

— Si je te fais voir des hommes s'adonnant à la même culture dont les uns se disent appauvris et ruinés par cette culture, tandis que d'autres lui doivent l'abondance et la prospérité ? — Tu ne m'étonnerais pas, car les premiers font peut-être des dépenses inutiles et ruineuses en outre de celles qui sont indispensables ou utiles. — Il est possible, Critobule, qu'il y ait des gens qui se conduisent comme tu viens de le dire, mais, ce n'est pas d'eux que je parle, je parle des agriculteurs qui ne peuvent même pas payer les dépenses nécessaires. — Quelle peut être la cause de cette détresse ? — Je te conduirai chez eux, tu verras et jugeras. — Oui, Socrate, si j'en suis capable. — C'est la première chose dont il faut se rendre compte par expérience, c'est la plus utile. Pour aller au théâtre tu te lèves de grand matin, tu fais une longue course, et tu me pries instamment de t'accompagner, mais tu n'as jamais rien fait de semblable pour les choses instructives. — Je te parais donc bien ridicule, Socrate ? — Dis plutôt que c'est à toi-même que tu le parais !

Et si je te fais voir, Critobule, des gens qui manquent du nécessaire en faisant l'élevage des chevaux, tandis que d'autres, grâce à cette même occupation, vivent dans l'aisance et se félicitent de leurs gains ? — J'en vois tous les jours, Socrate, j'en connais même des uns et des autres, sans être pour cela du nombre de ceux qui s'enrichissent. — C'est parce que tu te conduis ici à peu près comme au théâtre où tu cherches, non pas les moyens de devenir poète tragique ou comique, mais seulement le plaisir de voir et d'entendre, et dans ce dernier cas, tu as peut-être raison, car tu ne songes pas à devenir poète ; mais, étant obligé d'entretenir des chevaux, ne te semble-t-il pas insensé[1] de ne pas rechercher la meilleure méthode à employer alors qu'elle te serait aussi utile pour ton usage personnel que lucrative au point de vue commercial[2]. — Tu veux donc que j'entreprenne l'élevage des poulains ? — Pas plus que je ne veux que tu élèves des enfants, pour en faire tes laboureurs[3]. Il y a, je crois, pour les chevaux comme pour les hommes, un certain âge où l'on peut commencer à les utiliser et les rendre plus utiles de jour en jour.

Je puis aussi te montrer des maris qui, se conduisant sagement avec leurs femmes, en font d'utiles auxiliaires de leur prospérité, tandis que d'autres n'en font qu'une cause de ruine. — Et alors, Socrate, qui faut-il blâmer, le mari ou la femme ? — Lorsqu'un troupeau est habituellement en mauvais état, c'est le berger que l'on accuse ; lorsqu'un cheval est méchant, on s'en prend au cavalier ; si, malgré les bons conseils de son mari, une femme s'acquitte mal de ses devoirs, elle seule est coupable ; mais si le mari, sans lui avoir appris à connaître le bien et le beau, la charge de diriger sa maison malgré cette ignorance, n'est-il pas juste de blâmer le mari ?

Nous sommes ici tous bons amis, Critobule, réponds-moi donc bien franchement : est-il quelqu'un qui s'occupe de tes affaires plus que ta femme ? — Personne. — Existe-t-il dans tes relations, des personnes avec lesquelles tu causes moins qu'avec ta femme ? — Il y en a bien peu. — Quand tu l'as épousée, n'était-ce pas une enfant, une femme qui n'avait pour ainsi dire rien vu, rien entendu ? — C'est vrai. — Il serait donc beaucoup plus étonnant qu'elle sût ce qu'elle doit dire ou faire, que si elle ignorait

1. — C'est-à-dire dénué de sens, de raison et, par cela même, contraire à la manière dont doit se conduire un être doué d'intelligence et de raison. (Voir chap. VIII et la remarque 1 du f° 23.)

2. — Socrate nous enseigne ici qu'il y a plusieurs manières de voir et d'entendre, suivant le but qu'on se propose ; et il semble que cet « usage personnel », appliqué à la recherche des meilleures méthodes, peut, sans inconvénient, s'appliquer aux choses intellectuelles aussi bien qu'aux choses matérielles.

3. — Parce que l'élevage et l'éducation des enfants se rattache à d'autres sciences que l'agriculture.

comment elle doit se conduire. — Ces maris qui, d'après ce que tu dis, Socrate, possèdent d'excellentes femmes, est-ce qu'ils les ont formées eux-mêmes ? — C'est une question utile à examiner ; je te conduirai auprès d'Aspasie qui t'instruira mieux que moi sur ce point. Pour moi, je pense qu'une bonne épouse contribue autant que le mari à la prospérité de la maison. En général, c'est le mari qui, par son travail, crée les ressources du ménage, et c'est presque toujours la femme qui en dirige l'emploi ; est-il sagement réglé, la maison prospère ; est-il mal réglé, elle périclite.

Quatrième Chapitre.

Si tu le trouves utile, je crois pouvoir te montrer des gens habiles dans tous les arts. — Dans tous ? à quoi bon, Socrate ? Il n'est pas facile d'en trouver d'habiles dans chaque art, et il n'est pas possible de devenir soi-même habile dans tous. N'est-il pas suffisant de nous occuper des arts libéraux, dont la culture me fera honneur ? Indique-les moi, ainsi que ceux qui y sont habiles ; et même, aide-moi de tes lumières autant qu'il te sera possible. — C'est parler sagement, Critobule, car les arts mécaniques ne font guère honneur et c'est avec raison que les bons gouvernements en font peu de cas. Ils minent la santé de ceux qui les exercent, et même de ceux qui les apprennent, parce qu'ils les astreignent généralement à rester assis, à vivre dans l'ombre, et, dans certains cas, auprès d'un feu continuel; or, quand le corps est affaibli, l'âme peut-elle conserver une grande énergie ?[1] On n'a plus le temps de s'occuper ni de ses amis ni de l'État, de sorte que l'on est regardé avec justice comme de mauvais amis et de lâches défenseurs de la patrie. Aussi, dans quelques républiques, et principalement dans celles qui se signalent par la gloire des armes, il est défendu aux citoyens d'exercer un art mécanique.

— Quel art me conseilles-tu de cultiver, Socrate ? — Ne rougissons pas de suivre les exemples que nous donne le Roi de Perse ; ce prince, persuadé que l'agriculture et l'art de la guerre sont les plus beaux et les plus utiles de tous les arts, les cultive également tous les deux. — Quoi, Socrate, tu t'imagines que le Roi de Perse consacre ses soins à l'agriculture ? — Examinons sa conduite et nous verrons bien s'il y donne ses soins. Nous nous rendons compte qu'il s'occupe particulièrement de l'art de la guerre, parce qu'il fixe au gouverneur militaire de chacune des nations qui lui paient un tribut, le nombre de cavaliers, d'archers, de frondeurs et de porteurs de boucliers qu'il doit recruter, soit pour contenir

[1]. — Est-il nécessaire de faire remarquer que les habitudes générales de la vie sont tellement changées que ce qui était mauvais à cette époque est quelquefois très bon à la nôtre ?

ses sujets, soit pour défendre ses Etats contre toute agression. Il lui prescrit également d'entretenir une garnison dans chaque citadelle. Le gouverneur civil reçoit l'ordre d'approvisionner la citadelle. Le Roi se fait présenter chaque année un état des troupes mercenaires et des habitants qui doivent porter les armes; il les convoque tous, sauf les garnisons, dans un lieu indiqué pour le rassemblement. Il fait lui-même l'inspection des troupes voisines de sa résidence et fait inspecter, par des officiers dignes de confiance, celles qui en sont trop éloignées. Il comble d'honneurs et de présents les commandants, chiliarques et satrapes dont les troupes sont au complet, dont les cavaliers ont de bons chevaux et dont les hommes à pied sont bien armés. Il punit sévèrement, casse et remplace les gouverneurs militaires qui ne surveillent pas les chefs des garnisons, ou ceux qui se rendent coupables de malversations.

D'après cette façon d'agir, nous jugeons, sans craindre de nous tromper, qu'il s'occupe de l'art de la guerre; mais il fait plus encore : il inspecte attentivement les provinces de son empire qu'il parcourt et envoie des inspecteurs fidèles dans celles où il ne peut se rendre. S'il voit une province bien peuplée, bien cultivée, offrant toutes les plantations et productions que comporte la nature du sol, il étend la domination du gouverneur civil, il le comble de présents et lui accorde une place d'honneur à sa cour; s'il voit au contraire un pays mal peuplé, mal cultivé, à cause de la négligence ou de la mauvaise administration du gouverneur, il le punit sévèrement, le destitue et le remplace. Cette sage conduite ne prouve-t-elle pas qu'il veille, à ce que chaque province soit bien cultivée par les habitants, avec autant de soin qu'il veille à ce qu'elle soit bien défendue par les garnisons ? Aussi, pour atteindre ce double but, il nomme deux gouverneurs ; ce n'est pas le même qui est chargé des deux missions; l'un doit surveiller les propriétaires, les cultivateurs, le paiement des tributs, tandis que le commandement des troupes est confié à l'autre. Lorsque le gouverneur militaire ne veille pas aussi bien qu'il doit, à la sécurité du pays, le gouverneur civil, qui a l'inspection des travaux champêtres, se plaint du gouverneur militaire, parce que les cultivateurs ne peuvent pas effectuer leurs travaux à cause du manque de sécurité. Si, au contraire, le gouverneur civil laisse le pays mal peuplé et inculte lorsque la sécurité est assurée par l'armée, il est accusé par le gouverneur militaire; car si les habitants cultivent mal le pays, il leur devient impossible de subvenir convenablement aux besoins des guerriers. Dans les provinces gouvernées par un satrape, c'est ce dernier qui est chargé de surveiller les deux gouverneurs.

— Si le Roi de Perse se conduit ainsi, il me semble, Socrate, qu'il donne autant de soins à l'agriculture qu'à l'art de la guerre. — Il fait plus encore, Critobule ; partout où il réside, dans quelque contrée qu'il aille, il a soin de faire entretenir ces jardins appelés paradis, où l'on trouve les meilleures et les plus belles productions de la terre ; il y séjourne aussi longtemps que la saison le permet. — D'après ce que tu me dis, Socrate, il me semble que partout où il séjourne, c'est lui-même qui doit veiller à ce que les paradis soient bien entretenus, plantés de beaux arbres et enrichis des productions les plus variées. — On dit encore, Critobule, que lorsque le roi distribue des présents, il commence par appeler les guerriers les plus vaillants, parce qu'il est inutile de cultiver la terre s'il n'y a pas des guerriers pour la défendre ; il appelle ensuite ceux qui sont les plus habiles pour fertiliser la terre, car, dit le roi, le guerrier le plus vaillant ne peut vivre sans un cultivateur qui subvienne à ses besoins. On rapporte que Cyrus, prince célèbre à juste titre, dit un jour à ceux qu'il avait appelés pour les récompenser : « On pourrait sans injustice, me décerner les » deux prix, car je prétends être le plus habile à cultiver mes » terres et le plus vaillant pour défendre mes moissons. » — S'il a dit cela, Socrate, Cyrus se glorifiait autant de son habileté en agriculture que de ses talents militaires.

— Certes, s'il eut vécu, Cyrus eut été tout à fait digne de régner; ce qui le prouve, c'est que, lorsqu'il s'avança contre son frère pour lui disputer la royauté, il n'y eut, dit-on, pas un seul homme qui passât du camp de Cyrus dans celui d'Artaxercès, tandis que les guerriers de son frère venaient par milliers se ranger sous ses ordres. A mon avis, rien ne prouve mieux le mérite d'un général que la confiance des hommes qui le suivent volontiers, résolus à braver avec lui les plus grands dangers ; or, tant que Cyrus vécut, ses officiers combattirent à ses côtés, et lorsqu'il fut mort, ils se firent tous tuer en combattant autour de son corps, à l'exception d'Ariée qui commandait l'aile gauche de l'armée.

C'est ce même Cyrus à qui Lysandre porta les présents des Grecs. Ce prince, ainsi que Lysandre le raconta lui-même à un de ses hôtes de Mégare, entr'autres démonstrations d'amitié, lui fit visiter son paradis de Sardes. Frappé de la symétrie et de la beauté des arbres, de l'alignement des allées, de la précision avec laquelle étaient dessinés les massifs, de la suavité de la variété des parfums qui semblaient quitter chaque parterre pour les accompagner, Lysandre, charmé par ce spectacle, dit à Cyrus : « Certes » Cyrus, la beauté de ce lieu m'enchante, tout ici me ravit, mais, » ce que j'admire le plus, c'est le talent de l'artiste qui a tracé le » plan de ce jardin et qui a surveillé son exécution [1] ». — « Eh bien »,

---

1. — Si Lysandre avait raison d'admirer les jardins de Cyrus et l'habileté de celui qui en avait conçu le plan et surveillé l'exécution, si nous faisons de même, avec autant de raison, dans des circonstances plus ou moins analogues, quel tribut d'admiration ne devons-nous pas à celui qui a créé, dans le monde, tant de choses admirables et préparé ou rendu possibles toutes celles auxquelles les humains ne contribuent que dans une si faible mesure ?

répliqua Cyrus, flatté de ce qu'il venait d'entendre, « c'est moi,
» Lysandre, qui ai tracé le plan, c'est moi qui l'ai fait exécuter, et
» je puis ajouter qu'il y a beaucoup d'arbres que j'ai planté
» moi-même ». A ces mots, Lysandre, ramenant ses regards sur
ce prince, frappé de la beauté de ses vêtements, de l'odeur de ses
parfums, de l'éclat de ses colliers, de la richesse de ses bracelets
et de la magnificence de tout son costume : « Quoi, Cyrus, c'est
» toi qui, de tes mains, a planté une partie de ces arbres ? »
— « Cela t'étonne Lysandre ? Cependant, je te jure par Mithra
» que lorsque je ne suis pas malade, je ne prends pas mes repas
» avant de m'être couvert de sueur, en me livrant aux travaux
» champêtres, aux manœuvres guerrières ou à tout autre exercice
» violent. » — « Ah ! Cyrus », répliqua Lysandre, en lui serrant la
main, « comment pourrais-je ne pas t'appeler heureux ? Et
» digne de l'être, puisque tu es vertueux ! »

Cinquième Chapitre.

— Je t'ai raconté cet entretien Critobule, pour t'apprendre que
même les plus fortunés des hommes ne peuvent se passer de
l'agriculture. Les travaux qu'elle exige, tout en procurant des
plaisirs purs, augmentent le bien-être, fortifient le corps et mettent en état de remplir les devoirs d'homme libre. La terre fournit
à celui qui la cultive, non seulement ce qui est nécessaire à la
vie, mais encore ce qui en fait le charme. Ces fleurs, qui nous
servent à orner les autels et les statues des Dieux et qui font
quelquefois la parure des humains, c'est elle qui nous les offre en
charmant nos yeux et notre odorat. Elle nous fournit des victimes
pour fléchir les Dieux et des mets pour nos tables, car c'est elle
qui produit les végétaux et la nourriture des animaux ; aussi l'art
d'élever les troupeaux fait partie de l'agriculture. Mais, tous ces
biens, elle ne les donne pas à la paresse. Elle nous habitue à supporter les chaleurs de l'été et les froids de l'hiver. Elle rend
vigoureux ceux qui cultivent eux-mêmes ; quant à ceux qui se
bornent à surveiller les travaux, elle trempe leur caractère en les
forçant à se lever de bon matin et à faire de longues marches [1] ;
en effet, à la campagne comme à la ville, les travaux les plus
importants doivent être exécutés à moments fixes.

Si on veut servir l'état dans la cavalerie, où est-on mieux qu'à la
campagne pour entretenir son cheval ? Veut-on combattre à pied ?
C'est à la campagne qu'on devient robuste. La terre favorise les
plaisirs des chasseurs, puisqu'elle fournit facilement la nourriture

---

1. — Si cette observation est exacte, elle explique pourquoi les temps
modernes deviennent si pauvres en *Caractères* et elle mérite l'attention des
jeunes gens animés d'une noble ambition.

des chiens et du gibier. Les chevaux et les chiens qui, grâce à la terre, trouvent leur nourriture, se rendent, à leur tour, utiles à leur bienfaitrice ; le cheval, en portant son maître à la campagne de grand matin, pour lui permettre de surveiller les travaux et en lui donnant la facilité de revenir tard ; le chien en défendant les moissons et les troupeaux contre les animaux féroces, et en assurant la tranquillité des lieux même les plus solitaires.

Comme la terre livre ses productions au premier arrivé et se laisse dépouiller par les plus forts, elle apprend aux cultivateurs à être vigilants et à la défendre les armes à la main. Est-il un art qui, plus que l'agriculture, rende habile à courir, à sauter, à lancer le javelot ? Qui enrichisse plus réellement ceux qui l'exercent[1] et qui leur offre plus d'agréments, qui semble vous tendre les bras, vous offrir ses trésors, vous inviter à choisir ? Où peut-on recevoir ses hôtes avec plus de magnificence ? En hiver, où trouver plus facilement qu'à la campagne un bon feu pour combattre le froid ou chauffer les bains ? En été, où chercher ailleurs une onde fraîche, un doux zéphir, un agréable ombrage ? Quel art offre aux Dieux des prémices plus dignes, ou célèbre de plus belles fêtes en leur honneur ? Est-il pour les divers membres d'une famille un séjour préférable à celui de la campagne ? Est-il un séjour plus agréable pour la femme, plus désiré par les enfants, plus charmant pour les amis ? Quant à moi, je serais surpris que tout autre séjour pût offrir plus d'attraits à un homme libre et qu'il trouva une occupation plus agréable ou plus utile au bonheur de la vie. Ce n'est pas tout : par elle-même, la terre enseigne la justice à ceux qui sont attentifs ; car elle accorde plus de biens à ceux qui lui donnent plus de soins.

Si des troupes nombreuses viennent empêcher les travaux des habitants de la campagne, ceux-ci aguerris par une mâle éducation, doués d'une âme courageuse et d'un corps robuste, peuvent, avec l'aide des Dieux, envahir les terres des ennemis et prendre ce qui est nécessaire à leur nourriture ; car, en temps de guerre, il est souvent plus facile de subvenir à ses besoins par les armes qu'avec des instruments aratoires. L'agriculture apprend encore à s'entr'aider, car s'il faut des hommes pour marcher contre les ennemis, c'est aussi avec des hommes que l'on cultive la terre. Semblable au général qui, marchant contre des ennemis, récompense les soldats qui montrent de la bravoure et punit ceux qui sont indisciplinés, un bon agriculteur inspirera à ses serviteurs de l'ardeur et de la docilité. Il encouragera ses travailleurs aussi souvent qu'un général, car l'espérance est nécessaire aux esclaves autant qu'aux hommes libres et même davantage pour qu'ils ne cherchent pas à fuir.

---

1. — N'oublions pas le critérium de la richesse. (Rem. 1 du chap. II, f° 4.)

2.

On a dit avec beaucoup de vérité que l'agriculture est la mère et la nourrice des autres arts ; est-elle florissante, tout fleurit avec elle ; mais partout où la terre reste stérile les arts sont presque toujours en décadence sur terre et sur mer. — Ce que tu dis, Socrate, me paraît admirable, mais oublies-tu tous les fâcheux accidents que l'agriculteur ne peut prévenir ? La grêle, le givre, les sécheresses, les grandes pluies, la rouille et tant d'autres choses qui nous enlèvent le prix de nos plus sages combinaisons et de notre meilleur travail ? Combien de fois une maladie soudaine et terrible vient ravager les troupeaux les mieux soignés ! — La puissance des Dieux, Critobule, ne domine pas moins l'agriculture que la guerre ; je te croyais bien instruit de cette importante vérité. Ne vois-tu pas qu'avant toute entreprise guerrière les hommes cherchent à rendre les Dieux propices et les consultent sur ce qu'ils doivent faire ou ne pas faire, en interrogeant les entrailles des victimes ou le vol des oiseaux ? Crois-tu avoir moins besoin de leur protection pour ce qui concerne l'agriculture ? Sache bien que le sage leur adresse ses prières pour obtenir une abondante récolte de fruits secs ou pleins de sucs rafraîchissants, comme pour la conservation de ses bœufs, de ses chevaux, de ses brebis et, en un mot, de tout ce qu'il possède [1].

Sixième Chapitre.

— Tu as absolument raison, Socrate, de me dire de ne rien entreprendre sans demander la protection des Dieux, puisqu'ils sont nos maîtres pendant la paix aussi bien qu'au milieu des combats ; je me conformerai à ton sage conseil. Mais, voudrais-tu revenir au point où tu en étais au sujet de l'*Économie*, et achever de m'en donner les détails ? D'après ce que tu m'as déjà dit, il me semble entrevoir, bien mieux qu'auparavant, ce qui peut contribuer à rendre la vie heureuse. — Que demandes-tu, Critobule, faut-il revenir sur tous les principes que nous avons élucidés et dont nous avons reconnu l'exactitude, afin de nous trouver

---

1. — Mais ne pourrait-on pas dire : Si les Dieux sont justes et bons, ils sont toujours favorables aux êtres justes et bons. Or, il nous semble qu'il n'y a que les malheureux dont l'esprit a été vicié par une insuffisante ou mauvaise éducation, séduit par des sophismes, entraîné par de fâcheux exemples ou abusé par une étude trop superficielle du monde, qui puissent mettre en doute la justice et la bonté des Dieux et alors les prières, du moins celles qui sont faites conformément à l'acception ordinaire de ce mot, ne paraissent pas pouvoir être d'une bien grande efficacité? La conception de Socrate, développée par Platon et Épictète, qui recommandent de remercier les Dieux de leurs bienfaits, d'admirer leurs œuvres, de les louer et surtout de chercher à les suivre, à les imiter, en mettant dans tout ce que nous faisons de l'intelligence, de la justice, de l'ordre, de la bonté... paraît plus vraie, plus belle et plus utile.

ensuite tout à fait d'accord, si cela est possible, sur les points qu'il
nous reste à examiner. — Quand on a des intérêts communs,
Socrate, on aime se rendre réciproquement des comptes clairs et
exacts ; de même, nous qui sommes pour ainsi dire en commu-
nauté de pensées, nous devons chercher à être bien d'accord dans
notre discussion.

— Eh bien alors, cher Critobule, nous avons reconnu que
l'*Économie* est un art, une science, nous l'avons définie, l'art de
faire prospérer sa *maison*. Sous ce terme de maison nous avons
compris toutes nos *possessions*, nous avons limité le terme de
possession à ce qui est *utile au bonheur* et nous avons trouvé
qu'on ne peut appeler utiles *que les choses dont on sait tirer
parti*. Nous avons reconnu qu'il est impossible d'apprendre tous
les arts et que les bons gouvernements font peu de cas des arts
mécaniques, parce qu'ils affaiblissent en même temps l'âme et le
corps. On en aurait une preuve convaincante au moment d'une
invasion, si on partageait en deux groupes les artisans et les
agriculteurs et qu'on demandât à chaque groupe s'il faut défendre
les campagnes ou se retrancher dans la ville[1]. Nous étions persuadés que, dans cette supposition, les agriculteurs seraient d'avis
de défendre la campagne, tandis que les artisans opineraient pour
ne pas combattre et pour rester assis loin des fatigues et des dangers comme ils y sont accoutumés. Nous avons encore prouvé que
l'agriculture, qui procure aux hommes le nécessaire, est le premier
des arts et l'occupation la plus convenable à l'homme honnête et
vertueux. C'est le plus facile à apprendre et le plus agréable à
exercer. Tout en développant la beauté et la vigueur du corps, il
laisse assez de loisir et de liberté à l'esprit pour qu'on puisse
s'occuper de ses amis et des affaires de l'État. L'agriculture nous
a paru donner du courage aux hommes, puisque les champs qui
les nourrissent ne sont pas protégés par des remparts. Dans
les bons gouvernements c'est la plus honorée des professions,
parce qu'elle donne à l'État les citoyens les plus vertueux et les
plus dévoués.

— Dès maintenant, Socrate, je suis tout à fait convaincu que
l'agriculture est la profession la plus honorable, la plus utile et la
plus agréable ; mais pourquoi est-elle une source de prospérité et
d'abondance pour les uns, tandis que d'autres n'en retirent aucun
profit, comme tu dis l'avoir remarqué ? Je suis curieux d'en
apprendre la cause afin d'adopter la meilleure méthode et d'éviter
tout ce qui peut être préjudiciable. — Il ne sera pas inutile, Critobule, que je commence par te raconter comment, un jour, j'abordai
un de ces hommes qui méritent et auxquels on donne la qualification

---

1. — Cette phrase et les suivantes semblent indiquer qu'il y a une lacune
au chapitre IV, f° 9.

de *beaux et bons*. — Je suis d'autant plus curieux de l'apprendre, Socrate, que je désire moi-même me rendre digne de ce titre. — Je vais te dire comment je parvins à lier conversation avec lui.

Je consacrais peu de temps à visiter et admirer les œuvres les plus vantées des sculpteurs, des statuaires, des peintres les plus habiles et de tous les autres artistes; mais je désirais vivement entrer en relation avec un de ces hommes à qui l'on donne le titre si respectable de *beau et bon*, et je brûlais d'envie d'apprendre par quels moyens il l'avait mérité. Et d'abord, le mot *beau* étant joint au mot *bon*, lorsque j'apercevais quelqu'un de beau, je l'abordais et tâchais de me rendre compte si, chez lui, le *bon* se trouvait en compagnie du *beau*. Mais il n'en était pas ainsi; et je crus découvrir que beaucoup d'âmes corrompues se cachaient sous de belles formes. Je cessais donc de rechercher le beau et je résolus d'entrer en relation avec un de ceux qu'on appelle *beaux et bons*. Tout le monde : hommes, femmes, étrangers ou concitoyens donnait ce titre à Ischomaque, ce fut donc lui que je me décidais à aborder.

Septième Chapitre.

Je le vis un jour assis sous le portique de Jupiter Libérateur; il me parut de loisir, je m'approchais et je m'assis à ses côtés : Ischomaque, lui dis-je, pourquoi restes-tu assis sans rien faire, contrairement à ton habitude, toi que je vois toujours occupé et perdant bien peu de temps sur la place publique? — Tu ne m'y verrais point, Socrate, du moins en ce moment, si je ne m'étais pas engagé à attendre des étrangers. — Mais, quand tu n'attends personne, que fais-tu, comment utilises-tu le temps? Je désire beaucoup apprendre de toi comment tu mérites le titre de *beau et bon*; car, je ne te vois pas la complexion d'un homme qui reste habituellement enfermé dans sa maison. Ischomaque flatté, du moins à ce qu'il me parut, reprit en souriant : Comment je mérite le titre de *beau et bon*! Je ne sais pas, Socrate, si l'on me désigne ainsi quand on te parle de moi; mais lorsqu'il s'agit d'un échange de fortune, d'équiper des galères, ou de présider des chœurs, personne ne parle de *beau et bon*, on m'appelle tout simplement comme on appelait mon père, Ischomaque, et il faut que je réponde. Quant à ce que tu disais ensuite, Socrate, il est exact que je reste peu à la maison, car c'est ma femme qui s'occupe de tout ce qui concerne l'intérieur, et elle s'en acquitte parfaitement.

— Je suis encore curieux, Ischomaque, d'apprendre si c'est toi qui, par tes leçons, a rendu ta femme ce qu'elle est, ou si tu l'as reçue de son père et de sa mère instruite de tous ses devoirs? — Eh! Socrate, comment l'aurais-je reçue instruite? Elle avait à peine quinze ans lorsque je l'épousai. Jusqu'alors, elle avait été soumise à une grande surveillance pour qu'elle ne vit, n'entendit presque rien et fît le moins possible de questions. N'était-ce pas assez, à ton avis, de trouver en elle une femme qui sut filer la laine pour en faire des vêtements et qui eut appris comment on donne leur tâche aux fileuses? Pour ce qui concerne la sobriété, elle avait été parfaitement formée et c'est assurément, pour l'homme comme pour la femme, une habitude très utile.

— Et pour tout le reste, est-ce toi, qui as rendu ta femme capable de s'acquitter des soins qui lui incombent? — Oui, par Jupiter, mais pas avant d'avoir offert un sacrifice aux Dieux et leur avoir demandé, pour moi, la grâce de bien l'instruire et, pour ma femme, celle de bien apprendre ce qui pouvait contribuer à notre bonheur commun [1]. — Est-ce que ta femme sacrifiait avec toi et mêlait ses prières aux tiennes? — Assurément; même elle promettait, en présence des Dieux, de s'acquitter de tous ses devoirs, et je voyais bien qu'elle serait docile à mes leçons.

— Au nom des Dieux, Ischomaque, que commenças-tu à lui apprendre? Raconte-le moi, je t'écouterai avec plus de plaisir que si tu me faisais le récit d'un combat gymnique ou d'une belle course de chevaux. — Lorsque l'intimité l'eut un peu familiarisée et habituée à causer librement avec moi, je lui fis à peu près les questions suivantes : Dis-moi, femme, commences-tu à comprendre pourquoi je t'ai épousée et pourquoi tes parents t'ont donné un mari? Ce n'était pas qu'il fut difficile de trouver avec qui partager un même lit; tu en es sûrement convaincue comme moi; mais il était très utile et très important de s'assortir le mieux possible pour avoir ensemble une maison et des enfants. Après avoir bien réfléchi, moi pour mon compte et tes parents pour le tien, je t'ai choisie, de même que tes parents m'ont probablement choisi comme le parti le plus convenable. Si la Divinité nous accorde un jour des enfants, nous chercherons ensemble les moyens de leur donner la meilleure éducation; car, si nous trouvons en eux des défenseurs et des soutiens de notre vieillesse, c'est encore un bonheur qui nous sera commun. Dès à présent, cette maison nous est commune. Tous mes biens je les mets en commun, et toi tu as déjà mis en commun tout ce que tu as

---

1. — Remarquons ces recours à la Divinité que Xénophon semble recommander même pour les choses qui paraissent ne dépendre que de la conduite des hommes, alors qu'il a écrit : « Ceux qui ne croyaient pas que ces événe- » ments fussent dirigés par un Etre surnaturel, mais qui les attribuaient » tous à la prudence humaine, Socrate les appelait fous, et fous égale- » ment ceux qui consultent les oracles sur ce que les Dieux nous ont donné » de connaître par nous-mêmes... » (Mémoires sur Socrate, liv. I, chap. I.) La solution de cette importante et délicate question se trouve peut-être dans la science de « la liaison des choses divines et humaines » dont Epictète parle souvent.

apporté. Désormais, il est inutile de chercher lequel de nous deux a apporté le plus, mais il faut nous pénétrer de cette vérité que c'est celui qui gèrera mieux le bien commun, qui aura fait l'apport le plus précieux.

— Et comment t'aider? De quoi suis-je capable? N'est-ce pas toi qui dois tout diriger? Ma mère m'a toujours dit que mon devoir était d'être sage et obéissante. — Oui, par Jupiter, et mon père me disait la même chose. Or, le devoir d'un homme et d'une femme sages consiste à administrer le mieux possible les biens qu'ils possèdent et à en acquérir de nouveaux par des moyens justes et honnêtes. — Mais, comment puis-je coopérer avec toi à la prospérité de notre maison? — En remplissant de ton mieux les fonctions pour lesquelles les Dieux t'ont créée et que la loi déclare légitimes. — Quelles fonctions? — Des fonctions de la plus grande importance; à moins que l'on dise que la Reine des abeilles ne remplit dans la ruche que des fonctions sans importance.

Les Dieux, ô ma femme! me semblent avoir tout réglé d'une façon admirable, en unissant l'homme et la femme, pour la plus grande utilité de l'un comme de l'autre. D'abord, les deux sexes s'unissent pour engendrer, afin d'empêcher l'extinction de l'espèce. Et cette union a encore l'avantage de leur procurer des soutiens pour la vieillesse. Ensuite, les humains ne vivent pas en plein air comme les animaux, il leur faut des maisons. Pour amasser des provisions dans la maison, l'homme doit se livrer à des travaux au dehors; car c'est en plein air qu'on défriche, qu'on sème, qu'on plante, qu'on fait paître les troupeaux; et c'est par ces travaux qu'on se procure le nécessaire. Mais lorsque les provisions sont rentrées dans la maison, il faut quelqu'un qui en prenne soin et qui s'occupe des travaux qui ne peuvent avoir lieu qu'à l'intérieur. Les maisons sont encore utiles pour élever les nouveau-nés, préparer les aliments que fournit la terre et transformer en vêtements la laine des troupeaux [1].

Les divers travaux, soit du dehors, soit de l'intérieur, demandent de l'activité et de la vigilance; aussi, la Divinité a doué l'homme en vue des premiers et la femme en vue des seconds. En donnant à l'homme un corps plus robuste et une âme plus forte, qui lui permettent de supporter le froid, la chaleur, les voyages et la guerre, la Divinité l'a destiné aux travaux du dehors, tandis qu'en donnant à la femme une complexion plus faible elle paraît lui avoir réservé les travaux intérieurs. La femme étant chargée de la mission de nourrir les nouveau-nés, la Divi-

---

1. — Les maisons offrent certainement des avantages, mais elles ne sont pas sans avoir des inconvénients hygiéniques et même d'ordre moral; car celui qui s'enferme dans une maison (on pourrait souvent dire dans une prison) se soustrait, en grande partie, à l'action bienfaisante de la Nature, notre mère commune.

nité lui a donné, bien plus qu'à l'homme, l'amour des enfants. Comme c'est la femme qui doit conserver les provisions, la Divinité qui sait que la crainte est utile à la vigilance, a créé la femme plus craintive que l'homme. Mais, comme elle n'ignorait pas qu'il serait souvent nécessaire de repousser ceux qui viendraient troubler les travaux du dehors, elle a donné à l'homme plus d'intrépidité ; et, l'un et l'autre ayant à donner et à recevoir, elle les a créés tous deux susceptibles d'attention et de mémoire, si bien que, sous ce rapport, on ne peut décider qui l'emporte du mâle ou de la femelle. La Divinité les a créés également susceptibles de tempérance et elle a voulu que celui des deux dont l'âme plus courageuse pratiquerait le mieux cette vertu reçoive une plus belle récompense. Cependant, comme aucun des deux n'est parfait, ils ont besoin l'un de l'autre et leur union est d'autant plus utile que chacun d'eux peut suppléer à ce qui manque à l'autre. Instruits de ces fonctions qui nous sont assignées par la Divinité, efforçons-nous, ô ma femme, de nous acquitter le mieux possible de celles qui nous incombent à chacun.

La loi confirme l'intention divine en unissant l'homme et la femme. Si la Divinité les a associés pour la création des enfants, la loi les associe pour les soins que réclame la famille. Elle déclare honnête et beau tout ce qui concorde avec les facultés que la Divinité a accordées aux deux sexes. Il est, en effet, plus honnête pour une femme de rester à la maison que de sortir trop souvent ; de même qu'il est honteux pour l'homme de rester à la maison au lieu de surveiller les travaux du dehors. Lorsque l'un ou l'autre agissent contrairement aux intentions de la Divinité, cette infraction à l'ordre n'échappe pas à ses regards, et la femme est punie pour avoir négligé ses devoirs, comme l'homme pour avoir pris la place de sa femme.

Il me semble que la Reine des abeilles, soumise aux intentions de la Divinité, remplit des fonctions à peu près semblables à celles qui te sont réservées. — Quelles sont, reprit ma femme, ces fonctions de la Reine des abeilles, qui ressemblent à celles qui m'incombent ? — Elle reste dans la ruche et ne tolère pas que les abeilles y demeurent oisives, elle fait sortir celles qui sont destinées aux travaux du dehors ; elle vérifie et reçoit ce que chacune d'elles apporte ; elle conserve les provisions jusqu'au moment où l'on doit s'en servir, et lorsque ce moment est arrivé, elle les distribue sagement ; elle veille à la construction régulière et prompte des cellules, ainsi qu'aux soins à donner aux jeunes abeilles ; lorsque les jeunes abeilles sont élevées et capables de travailler, elle les envoie, sous la conduite d'une autre reine, fonder une nouvelle ruche. — Est-ce que j'aurai à faire quelque chose de semblable ? — Oui, certes ; il faudra que tu restes à la maison, que tu fasses sortir les serviteurs chargés des travaux du dehors et que tu surveilles le travail de ceux qui resteront à l'intérieur. Tu recevras ce que l'on apportera et distribueras les provisions qui devront être employées ; quant au surplus, tu useras de toute ta prévoyance et de toute ta vigilance afin d'éviter qu'on gaspille en un mois les provisions qui doivent durer toute l'année. Lorsque tu auras reçu les laines, tu feras filer et confectionner des vêtements pour ceux à qui tu dois en fournir ; tu auras encore à veiller à ce que les fruits secs soient bons à manger. Une de tes fonctions qui, peut-être, ne te plaira pas, sera de donner des soins à ceux de nos serviteurs qui tomberont malades. — Par Jupiter, reprit ma femme, rien ne me plaira davantage puisque, reconnaissants de mes soins, ils redoubleront d'attachement pour moi.

— Charmé de sa réponse, je lui dis : femme, n'est-ce pas par quelque moyen semblable que la Reine des abeilles se fait aimer à tel point que, si elle quitte la ruche, aucune des abeilles ne veut y rester ? Toutes s'empressent de la suivre[1]. — Voilà qui me surprend ; l'autorité ne t'appartient-elle pas plus qu'à moi ? Quelles étranges fonctions j'exercerais à l'intérieur, si tu ne veillais pas à ce que l'on apporte tout ce qu'il faut du dehors ! — Et mes soins ne seraient-ils pas ridicules si personne ne veillait à la conservation de ce que je ferais apporter ? Songe à ces malheureuses qui s'efforcent, dit-on, de remplir un tonneau percé, vois quelle pitié elles inspirent parce qu'on connaît l'inutilité de leurs efforts ! — Oh oui, par Jupiter ! Elles sont bien malheureuses de se conduire si follement. — Mais toi, femme, tes soins te procureront de l'agrément, lorsque d'une esclave ne sachant pas filer, tu auras fait une bonne fileuse qui te rendra double service ; lorsque d'une femme de charge maladroite et incapable, tu auras fait une intendante intelligente, active et fidèle, d'un prix inestimable ; lorsque tu sauras, avec autant de justice, récompenser les serviteurs utiles et obéissants ou punir ceux qui se conduiraient mal.

Mais tu goûteras la plus douce des jouissances lorsque, devenue plus parfaite que moi, tu trouveras en moi le plus soumis des époux ; lorsque, loin de craindre que l'âge ne te fasse perdre de la considération, tu sentiras au contraire que, devenant tous les jours une meilleure compagne pour moi, une meilleure mère pour nos enfants, tu es de jour en jour plus honorée ; car, ce n'est pas la jeunesse et la beauté qui nous concilient l'estime et le véritable respect; ce sont les vertus. Tel est à peu près, Socrate, le premier entretien que je me rappelle avoir eu avec ma femme.

1. — Voir chap. XII, f° 31 et remarque I.

Huitième Chapitre.

— Et as-tu remarqué, Ischomaque, que cet entretien ait fait sur elle assez d'impression pour augmenter sa vigilance ? — Certainement, je la vis même rougir et être très affectée un jour qu'elle ne put me donner une chose qui devait se trouver dans la maison. « Ma femme, lui dis-je, ne t'afflige pas de ne pouvoir me donner ce que je te demande. On est vraiment pauvre quand on manque de ce dont on a besoin, mais c'est une privation moins dure de chercher, sans trouver ce dont on a besoin, que de ne pas chercher du tout, parce qu'on sait qu'on ne le possède pas. Au reste, ce n'est pas ta faute, mais la mienne, parce qu'en te confiant la maison, je ne t'ai pas indiqué la place de chaque chose, de manière à ce que tu connaisses l'endroit où tu dois la ranger et la trouver. Rien n'est plus beau, ma femme, rien n'est plus utile que *l'ordre*.

Un chœur est une réunion d'hommes et de femmes : quelle confusion désagréable pour les spectateurs, si chaque choriste prétend ne faire que ce qui lui plaît ! Mais, quand tous chantent en mesure et exécutent en cadence les figures prescrites, quel charme pour les yeux et pour les oreilles ! Il en est de même d'une armée ; si elle s'avance en désordre, mulets, hoplites, troupes légères, bagages, cavalerie, chariots mélangés, quelle confusion ! tout combat devient impossible ; pour elle, la défaite est certaine et pour les ennemis la victoire est assurée. Quel mouvement exécuter quand tous s'embarrassent les uns les autres, quand ceux qui courent sont arrêtés par ceux qui marchent, ceux qui marchent par ceux qui restent en repos, les cavaliers par les chars, les chars par les mulets, les hoplites par les bagages ? Comment combattre dans un tel désordre ? Ceux qui sont contraints de se retirer devant une attaque, culbuteront dans leur retraite, même les hommes armés. Au contraire, quoi de plus beau pour des amis qu'une armée en bon ordre ? Quoi de plus redoutable pour des ennemis ? Quel ami ne voit avec plaisir de nombreux hoplites marchant bien alignés et des cavaliers galopant de même ? Quel ennemi ne tremble pas en voyant hoplites, cavaliers, peltastes, archers, frondeurs groupés en corps distincts et suivant en bon ordre leurs officiers. Quand une armée avance ainsi, fut-elle composée de plusieurs milliers d'hommes, tous marchent aussi aisément que si chacun d'eux marchait seul ; car les derniers remplissent successivement la place laissée vide par les premiers.

Pourquoi, la vue d'une galère, chargée de soldats, fait-elle trembler les ennemis, lorsqu'elle s'avance rapidement, tandis qu'elle insinue jusque dans le cœur de ceux qui la montent, le présage de la victoire ? C'est parce que personne ne s'embarrasse ; chacun est à sa place ; c'est en mesure que les rameurs se courbent sur les rames et c'est encore en mesure qu'ils les ramènent en arrière ; ils s'embarquent avec ordre et débarquent de même.

Je crois me faire une idée exacte du désordre en me représentant un cultivateur serrant pêle-mêle dans un même grenier l'orge, le froment, les légumes et qui, ensuite, s'il veut du pain, un gâteau, un plat de légumes, est obligé de faire un triage qui devrait être tout fait. Évite, ô ma femme, une pareille confusion ; veux-tu bien administrer notre maison, trouver sans peine ce dont on a besoin, et me donner avec grâce tout ce que je pourrai te demander ? Mettons chaque chose à la place la plus convenable ; cette précaution une fois prise, indiquons à la femme de charge l'endroit où elle doit prendre et remettre chaque chose. Par ce moyen, nous saurons ce qui manque et ce qui reste ; car la place vide nous l'indiquera et, d'un coup d'œil, nous verrons ce qui réclame nos soins. Un classement méthodique nous permettra de trouver tout facilement.

Oh ! Socrate, quel ordre, quel arrangement frappèrent mes regards, le jour où je montai sur ce grand vaisseau Phénicien ! Je fus surpris de voir une grande quantité d'objets rangés avec le plus grand ordre dans un emplacement très réduit. Tu sais que pour faire entrer un vaisseau dans le port ou pour l'en faire sortir, il faut quantité de cordages, de voiles et de pièces de bois ; il ne vogue qu'à l'aide de beaucoup d'agrès ; il lui faut plusieurs machines de guerre pour se défendre contre les ennemis. Sans parler des armes des guerriers, un vaisseau contient pour chaque classe de passagers les ustensiles dont on se sert à la maison ; il est encore chargé des marchandises que le pilote transporte à son profit. Eh bien ! tout ce que je viens d'énumérer n'occupait que l'espace d'une salle ordinaire de dix lits [1]. Je remarquai que tous ces objets étaient si bien rangés qu'ils n'étaient nullement enchevêtrés, ils n'étaient pas éparpillés, difficiles à trouver ou à détacher, rien ne retardait lorsqu'on en avait besoin. Le commandant de la proue avait cet ordre tellement présent à l'esprit que, même loin du vaisseau, il eut pu faire l'énumération de tout et indiquer la place de chaque objet, aussi facilement qu'un homme qui sait lire dirait combien il y a de lettres dans le nom de Socrate et quel est l'ordre de chacune d'elles [2]. J'ai vu ce même commandant profiter

---

1. — On sait que les Grecs mangeaient couchés sur des lits.
2. — Ces exemples, tirés de la lecture, de l'écriture et de la numération, reviennent souvent dans Xénophon (Voir f° 36) et dans Platon ; on dirait que ces Anciens ne reconnaissaient comme science véritable que celle qu'on arrive à rendre aussi certaine et aussi rapide que les connaissances que nous donne l'étude des lettres et des chiffres ?... Et Descartes n'a-t-il pas écrit dans ses *Règles pour la direction de l'esprit* : « Ceux qui savent » véritablement reconnaissent aussi facilement la vérité lorsqu'ils la tirent » d'un sujet obscur que lorsqu'ils la tirent d'un sujet simple » ?

d'un moment de loisir pour faire l'inspection de tous les objets qui peuvent être nécessaires sur un vaisseau. Surpris de tant de soin, je lui demandai ce qu'il faisait. Il me répondit : « Étranger, j'exa-
» mine, pour le cas où il arriverait quelque accident, en quel état
» sont les agrès, s'ils sont tous à leur place et faciles à manier,
» car lorsque la Divinité envoie une tempête on n'a pas le loisir ni
» de chercher ce qui manque, ni de donner ce qui se trouve enche-
» vêtré. Dieu menace et punit les insensés[1]. S'il est assez bon pour
» ne pas perdre ceux qui ne sont pas en faute, ils doivent s'es-
» timer heureux ; s'il protège et sauve ceux qui ont pris toutes les
» précautions possibles, il a encore droit à la plus grande recon-
» naissance. »

Pour moi, frappé de cet ordre admirable, je dis à ma femme : Si on trouve assez de place dans un navire malgré son extrême étroitesse, si chaque objet reste à sa place malgré les tempêtes, si, malgré la crainte et le danger, chacun sait où trouver ce qui est nécessaire, n'y aurait-il pas, de notre part, une coupable indolence si nous, qui avons une maison solidement bâtie sur la terre et composée de vastes locaux, nous ne fixions pas, pour chaque objet, une place convenable et facile à trouver ? Je dis plus : Ne serait-ce pas, de notre part, un véritable manque d'intelligence ?

Je viens de te dire combien il est utile de ranger avec ordre tous les objets, quelle facilité on trouve à leur assigner, dans la maison, la place la plus convenable ; mais aussi quelle belle chose de voir des chaussures classées, alignées ; de voir, rangés suivant leur usage, des vêtements, des tapis, des vases d'airain et tout ce qui concerne le service de la table. La belle chose encore, non pas pour un homme frivole qui s'en moquerait, mais pour un homme grave et sensé, de voir des marmites rangées d'une façon intelli-gente. La symétrie donne à tout une beauté particulière. Tous ces objets ne peuvent-ils pas être comparés en quelque manière à un chœur ? Lorsque tout est bien ordonné, l'espace qui sépare chaque objet flatte les regards, tel un chœur qui, beau en lui-même, charme encore les yeux par la régularité de sa forme circulaire.

Femme, nous pouvons, aisément et sans risque, nous rendre compte de l'exactitude de ce que je dis. Mais, ne va pas te décou-rager en pensant qu'il sera bien difficile de trouver une personne capable d'apprendre la place de chaque objet et douée d'assez de mémoire pour le remettre où elle l'aura pris. Il y a, tu le sais, dix

---

1. — C'est-à-dire ceux qui ne suivent pas les règles dictées par la raison et l'expérience. (Voir chap. III, f° 8 et la remarque 1.) N'oublions pas que l'œuvre propre et spéciale de l'homme consiste « à suivre le fil d'or de la » raison. » (Platon) « à régler ses actes conformément à la raison ». (Aristote) que « l'étude qui sert à en acquérir le droit usage, est la plus utile des » occupations qu'on puisse avoir, comme elle est aussi sans doute, la plus » agréable et la plus douce ». (Descartes.)

mille fois plus d'objets dans Athènes que chez nous ; cependant, si tu dis à un de tes esclaves d'aller acheter telle ou telle chose et de te l'apporter, il ne sera pas embarrassé, tu verras qu'il sait très bien où aller et à quel marchand s'adresser. Pourquoi ? C'est parce que la chose que tu lui demandes se trouve à un endroit fixe. Mais lorsque deux personnes se cherchent réciproquement, leurs efforts sont souvent infructueux ; la cause en est simple, c'est parce qu'elles ne sont pas convenues de l'endroit où elles pourraient se rencontrer. Si ma mémoire est fidèle, tel est à peu près, Socrate, mon entretien avec ma femme, au sujet de l'ordre qu'il me parut utile d'apporter dans l'usage de ce que nous possédons.

Neuvième Chapitre.

— Ta femme, Ischomaque, parut-elle faire attention aux leçons que tu lui donnais avec tant d'ardeur ? — Pouvait-elle faire autrement, Socrate, que de me promettre tous ses soins ? Comment n'eût-elle pas manifesté sa joie en prévoyant la facilité qui allait succéder à tant d'embarras ? Elle me demanda de tout ranger au plus tôt, conformément à l'ordre dont je lui avais parlé. — Comment t'y pris-tu, Ischomaque ? — Avant tout, Socrate, ne fallait-il pas lui montrer tout le parti qu'on pouvait tirer de la maison ?

Elle ne brille pas par les ornements, mais les différents locaux sont distribués de telle façon que tout pouvait y être rangé de la manière la plus convenable. Chaque place semblait indiquer elle-même la chose qui devait y être placée. La chambre nuptiale, qui est dans la partie la plus sûre, était tout indiquée pour ce que nous avions de plus précieux en tapis et en vases ; la partie la plus sèche devait être réservée pour le blé, comme la plus fraîche pour le vin. La mieux éclairée invitait à y travailler et à y placer tout ce qui a besoin de beaucoup de lumière. Je montrai ensuite à ma femme l'appartement des hommes ; il est très orné, frais en été, chaud en hiver ; je lui fis observer que, dans sa partie méridionale, la maison est évidemment construite de manière à avoir du soleil pendant l'hiver et de l'ombre pendant l'été. Je lui fis remarquer que l'appartement des hommes était séparé de celui des femmes par une porte fermée à clef, de peur que l'on ne sortît rien en cachette, et que nos esclaves ne fissent des enfants à notre insu ; car, si les bons serviteurs redoublent d'attachement lorsqu'ils ont de la famille, les mauvais, en se multipliant, acquièrent plus de facilités pour nuire à leurs maîtres.

Après lui avoir montré tous ces détails, nous faisons un triage général. Nous commençons par rassembler tout ce qui sert aux sacrifices, puis les toilettes des femmes pour les jours de fêtes, les vêtements des hommes pour les fêtes et ceux pour aller à la guerre ; les tapis pour l'appartement des femmes et ceux pour l'appartement des hommes ; les chaussures d'hommes et celles des femmes ; nous séparons les armes des instruments destinés au travail de la laine ; les ustensiles pour faire le pain, et ceux pour faire la cuisine ; ce qui sert pour les bains et ce qui est utile au service de la table ; ce qui doit servir tous les jours, et ce qui ne doit être employé que les jours de fêtes ; nous séparons également les provisions du mois et celles qui, d'après nos calculs, doivent durer toute l'année ; grâce à cette précaution, on sait si l'on a des ressources pour finir l'année.

Après avoir fait nous-mêmes ce triage général, nous faisons porter chaque chose à la place la plus convenable. Les ustensiles qui doivent être employés chaque jour par les esclaves, tels que ceux qui servent à faire le pain, la cuisine, le travail de la laine et autres du même genre, nous les remettons à ceux qui doivent s'en servir, en leur enjoignant de bien les conserver ; quant à ceux qu'on doit employer soit les jours de fêtes, soit lorsque nous recevons des étrangers, soit dans toute autre circonstance rare, nous les confions à l'intendante, nous lui montrons la place qu'ils doivent occuper, nous en faisons une liste par écrit, en lui prescrivant : de ne donner à chaque esclave que ce qui est nécessaire, de bien se souvenir à qui elle le donnerait et de le remettre où elle l'aurait pris quand on le lui rapporterait.

Nous établîmes intendante celle de nos servantes qui, après un mûr examen, nous parut le plus en garde contre la gourmandise, l'ivrognerie, la paresse, le libertinage ; celle qui nous parut douée de la meilleure mémoire et la plus capable, soit de prévoir les punitions que lui attirerait sa négligence, soit de songer aux moyens de nous plaire et de mériter des récompenses. Nous lui inspirâmes de l'affection pour nous, en lui faisant partager notre joie quand nous étions joyeux, et en nous affligeant avec elle quand elle avait quelque chagrin. Nous lui inspirâmes le désir d'augmenter notre fortune, en la lui faisant connaître et en partageant notre bonheur avec elle. Nous excitâmes en elle l'amour de la justice, en estimant plus l'homme juste que l'injuste et en lui montrant que le premier est plus riche et plus honoré que le second [1]. Voilà notre conduite en ce qui concerne l'intendante.

Après cela je dis à ma femme : Tout ce que nous venons de faire sera inutile si tu ne veilles pas toi-même au maintien de l'ordre ; dans les états bien policés, les citoyens ne croient pas

---

1. — Quelques personnes seront peut-être tentées de contester cette vérité ; comme il serait trop long de chercher à la démontrer, nous nous bornerons à citer le mot de B. Franklin, grand disciple de Socrate : « Si les » coquins connaissaient tous les avantages de l'honnêteté, ils deviendraient » honnêtes par coquinerie. » (Voir f° 35 et la remarque 1.)

qu'il suffise d'adopter de bonnes lois ; ils choisissent en outre des magistrats qui, conservateurs des lois et sentinelles vigilantes, louent ceux qui les observent et punissent ceux qui les transgressent.

Considères-toi, ô ma femme ! comme la conservatrice des lois de la maison. De même qu'un chef de garnison fait souvent la revue de ses troupes, procède, lorsque tu le jugeras convenable, à l'inspection de tout ce que nous possédons ; de même que le Sénat passe l'inspection des chevaux et des cavaliers, examine si tout est en bon état. Reine de la maison, fais tout ce qui est possible pour louer et honorer ceux qui en sont dignes et réprimander ou punir ceux qui le méritent. En outre, je lui fis observer qu'elle aurait tort de se plaindre de ce que je lui assignais plus d'occupations qu'aux esclaves. Ceux-ci, dis-je, ont tout à porter, conserver, garder, pour le service de la maison, mais rien pour leur usage personnel, à moins d'une permission expresse ; tandis que les maîtres peuvent se servir de tout et comme ils l'entendent. Or, il est naturel que celui qui gagne le plus à la conservation des choses et qui perd le plus lorsqu'elles se détériorent, soit aussi le plus intéressé à la surveillance. — Eh bien, Ischomaque, après t'avoir écouté, ta femme parut-elle disposée à se conformer à tes désirs ? — Pourquoi non ? « Tu me jugerais bien mal », me répondit-elle, « si tu pensais que j'accepte à regret les fonctions ou les soins » dont tu me montres l'utilité et la nécessité ; tu me causerais » beaucoup plus de chagrin si tu m'incitais à la négligence. Comme » il est plus naturel et plus doux à une bonne mère de soigner ses » enfants que de les délaisser, de même il est plus naturel et plus » agréable, pour une femme raisonnable, de prendre soin des » biens qu'elle possède que de les négliger. »

Dixième Chapitre.

— Par Junon, Ischomaque, cette réponse montre bien l'âme toute virile de ta femme. — Ce n'est pas tout, Socrate, je veux te raconter avec quelle résolution courageuse elle profita de mes conseils. — Parle, Ischomaque, j'aime beaucoup mieux admirer la vertu d'une femme que de contempler une beauté, chef-d'œuvre du pinceau de Zeuxis. — Un jour, Socrate, je vis ma femme qui s'était couverte de céruse afin de paraître plus blanche et de rouge pour rehausser ses couleurs ; elle avait mis des chaussures élevées pour paraître plus grande. Réponds-moi, lui dis-je, si je te montrais l'état de mes biens exactement, sans rien exagérer et sans rien te cacher, servirais-je mieux nos intérêts communs, et me trouverais-tu plus digne d'amour que si j'essayais de te tromper en te disant que j'ai plus que je ne possède en réalité, en te montrant de l'argent de mauvais aloi, des colliers de bois doré ou argenté, de la pourpre d'une teinte inférieure que je te donnerais comme étant de première qualité ? — Les Dieux t'en préservent, s'écria-t-elle aussitôt, si tu te conduisais ainsi, de ma vie je ne pourrais avoir pour toi une amitié sincère. — Eh bien ! femme, en nous mariant ne nous sommes-nous pas fait un don réciproque de nos corps ? — C'est ce que disent les hommes. — Me recevrais-tu avec plus de plaisir dans tes bras, si au lieu de t'offrir un corps sain, fortifié par l'exercice et d'une belle carnation, je me présentais frotté de vermillon, et les yeux peints pour te faire illusion, et si au lieu de ma personne, je te donnais du vermillon à voir et à embrasser ? — Certes, je préférerais te sentir toi-même, que de toucher du vermillon, voir la fraîcheur de ton teint et l'éclat de tes yeux plutôt que des couches de fards. — Eh bien ! ma femme, sois bien persuadée que je préfère aussi tes couleurs véritables à celles des fards ; les Dieux ont voulu que, sans se farder, le cheval plaise à la jument, le taureau à la génisse, le bélier à la brebis, ils ont voulu de même que le corps humain tout simple soit agréable à l'être humain. Des étrangers peuvent être dupes de pareilles supercheries, mais des époux qui vivent toujours ensemble se trahissent nécessairement s'ils essaient de se tromper. On se surprend au sortir du lit, avant la toilette ; une goutte de sueur, une larme décèle l'artifice ; on se voit au bain dans la simplicité de la nature. — Et que répondit-elle, Ischomaque ? — Pouvait-elle me faire une meilleure réponse que de se corriger et se montrer toujours à moi avec une parure simple et convenable. Elle me demanda cependant si je pourrais lui indiquer le moyen, non pas de paraître belle, mais de l'être véritablement.

Je lui conseillais de ne pas rester continuellement assise, comme les esclaves ; d'inspecter, comme font les bonnes maîtresses, les travaux des femmes, en s'efforçant avec l'aide des Dieux, de leur enseigner ce qu'elle saurait mieux ou d'apprendre ce qu'elle saurait moins bien [1], de surveiller la fabrication du pain, d'être présente aux distributions de l'intendante ; de faire des rondes pour examiner si chaque chose est à sa place, ce serait pour elle une promenade en même temps qu'un acte de surveillance. Détremper la farine, la pétrir, battre et ranger les vêtements et les tapis sont également des exercices salutaires. Ce régime sera le meilleur assaisonnement des mets, il te donnera une meilleure santé, un plus beau teint. Le contraste de ton air avec celui des

---

1. — Sage conseil dont l'application ne doit pas être restreinte aux rapports entre les supérieurs et les inférieurs, car il peut encore être très utile entre parents, amis et égaux. N'oublions jamais que Socrate et Xénophon ont dit et redit : « Il n'est pas facile de trouver des hommes habiles dans » chaque art et il n'est pas possible de devenir soi-même habile dans tous. » (Voir ľ 9 et 15.)

esclaves, les habillements plus convenables et plus soignés animeront les désirs de ton époux, surtout, si au lieu de chercher à forcer la nature, tu te laisses porter naturellement au désir de lui plaire. Quant à ces épouses qui restent continuellement assises avec un air de fierté, qu'on les mette au rang des femmes vouées à la coquetterie et aux artifices. J'ajouterai encore, Socrate, que ma femme suit toujours les leçons que je lui ai données et se conduit comme je viens de te dire.

Onzième Chapitre.

— Je crois, Ischomaque, que tu m'as suffisamment parlé des fonctions de ta femme ; et certes, l'exposé de cette première partie de votre règle de conduite contient son éloge ainsi que le tien. Parlemoi maintenant de tes propres fonctions ; pour toi, ce sera un plaisir de te rappeler tes titres à l'estime générale ; pour moi, quand j'aurai entendu et bien compris, si c'est possible, les devoirs d'un homme *beau et bon,* je te vouerai toute ma reconnaissance.

— Par Jupiter, Socrate, je t'exposerai volontiers mon plan de conduite, afin que tu me corriges si tu y trouves quelque chose de mal. — Te corriger, toi, le meilleur des hommes *beaux et bons !* moi, qui passe pour un conteur de fadaises, pour un homme qui mesure l'air, moi, à qui on fait sottement un crime de ma pauvreté ! Cette accusation, Ischomaque, m'eut réduit au désespoir, si je n'avais pas rencontré le cheval de Nicias, récemment arrivé de Lacédémone. Voyant tout le monde le suivre, l'admirer et lui prodiguer des louanges, je m'approchais de l'écuyer et je lui demandais si ce cheval avait une grande fortune ? A cette question, l'écuyer, me prenant pour un simple d'esprit, me dit, en me regardant d'un air de pitié : « Et comment un cheval aurait-il de la fortune ? » Pour moi, je marche la tête haute depuis que je sais qu'un cheval, même pauvre, peut devenir un bon cheval, quand il a un bon naturel. Comme il ne m'est pas non plus défendu de devenir digne d'estime, expose-moi en entier ton plan de conduite, afin que, si je puis m'instruire à ton école, je m'applique dès demain à marcher sur tes traces, car tous les jours sont bons pour commencer à mettre la vertu en pratique.

— Tu badines, Socrate, je vais néanmoins te dire tout ce que je m'efforce de faire pour bien passer la vie. Convaincu que la Divinité n'accorde jamais ses faveurs à l'homme imprudent et lâche, que la prudence et l'activité ne les obtiennent pas toujours, je commence par honorer les Dieux, et je tâche de mériter par des prières convenables la santé, la force, l'estime publique, la bienveillance de mes amis, l'avantage de sortir honorablement des combats et une fortune honnêtement acquise[1]. — Tu aimes donc la fortune et les soins qu'exige la conservation des richesses ? — Rien ne m'agrée davantage, Socrate ; il me paraît si doux de rendre aux Dieux un culte magnifique, d'aider mes amis dans le besoin et de contribuer autant que possible à l'embellissement de la ville !

— Voilà en effet, Ischomaque, de belles actions qui ne sont possibles que pour un citoyen opulent. Pourrait-on en douter lorsqu'on voit tant de citoyens hors d'état de subsister sans la générosité d'autrui et tant d'autres qui s'estiment heureux, lorsqu'ils arrivent à se procurer le strict nécessaire ? Comment ne pas appeler opulents et puissants des citoyens qui, doués du talent de bien administrer leur maison, savent se procurer des ressources pour embellir la ville, ou pour aider leurs amis ? Il en existe, on pourrait en citer plusieurs ; mais, puisque tu as commencé par la santé, dis-moi Ischomaque, ce que tu fais pour te bien porter et te rendre assez robuste pour échapper honorablement aux dangers de la guerre ; tu me parleras ensuite des moyens de faire fortune. — Tous ces avantages, Socrate, sont subordonnés les uns aux autres. Un homme qui a la nourriture nécessaire doit, s'il travaille, se fortifier la santé et, par un travail soutenu, devenir de plus en plus robuste ; formé aux exercices de la guerre, il échappe honorablement aux dangers ; actif et industrieux il augmente ses revenus[2]. — Je te comprends, Ischomaque, quand tu dis que l'homme qui travaille, qui se rend robuste et qui s'exerce, obtient plus sûrement ces avantages ; mais quels sont les travaux et les exercices qui te procurent une bonne constitution et un corps robuste ? Comment te prépares-tu aux dangers de la guerre ? A quels moyens dois-tu le superflu qui te met en état d'aider tes amis et de contribuer aux embellissements de la ville ? Voilà ce que je suis curieux d'apprendre.

— J'ai l'habitude de me lever assez tôt pour trouver encore chez elles les personnes que j'ai besoin de voir. Quand j'ai quelqu'affaire dans la ville je m'en occupe et cela me sert de promenade. Si rien d'indispensable ne me retient en ville, un esclave conduit, devant moi, mon cheval à la campagne, et la promenade que je fais de la ville aux champs me plaît cent fois plus que celle du Xyste. Si mes ouvriers font des plantations, labourent, sèment où récoltent, dès que je suis arrivé je vais inspecter leurs travaux ; j'examine leur manière de faire et j'y substitue la mienne, lorsque je la crois meilleure. Ensuite, je monte sur mon cheval et je lui fais faire des

---

1. — Voir Chap. V, f° 14, rem. 1 et Chap. VII, f° 17, rem. 1.

2. — Si tous ces avantages résultent d'une certaine conduite, tous les inconvénients contraires doivent résulter d'une conduite opposée et il n'est pas nécessaire d'être grand clerc pour tirer la conclusion.

manœuvres comme on en fait à la guerre ; chemins de traverse,
collines, fossés, ruisseaux, je franchis tout et, dans ces exercices,
je fais attention, autant que possible, de ne pas estropier mon
cheval. Cette course finie, mon esclave laisse l'animal se rouler
sur la poussière, puis le ramène en apportant les provisions à la
ville. Pour moi, je rentre à la maison, moitié en courant, moitié
en me promenant ; aussitôt arrivé, je me frotte avec une brosse
pour enlever la poussière et la sueur[1] ; je dîne ensuite de manière
que, pendant le reste de la journée, mon estomac ne soit ni trop
vide ni trop chargé. — Par Junon, Ischomaque, j'approuve fort
cette manière de faire. Suivre un régime qui donne à la fois la
santé, la force, l'habileté guerrière et la richesse, voilà qui me
paraît admirable. Et certes, tu prouves bien que tu fais tout ce
qu'il faut pour obtenir ces avantages, car, grâces aux Dieux, on te
voit ordinairement robuste et bien portant, et l'on sait que tu es
compté au nombre de nos meilleurs cavaliers et de nos plus
riches citoyens. — Malgré tout cela, Socrate, je dois te dire que
je suis indignement calomnié ; alors que tu croyais, peut-être, que
j'allais dire que tout le monde m'appelle *beau et bon.*

— J'allais te demander, Ischomaque, si tu te mets en état de
rendre compte de tes actions ou de juger celles des autres, s'il en
est besoin. — Est-ce que, selon toi, je ne me prépare pas continuellement, soit à me justifier, puisque je ne fais de mal à personne
et que je fais le plus de bien possible, soit à juger les autres, alors
qu'en public comme en particulier mes regards ne rencontrent
que des hommes injustes sans pouvoir découvrir un seul homme
de bien.

— Mais, dis-moi, Ischomaque, emploies-tu quelquefois la
parole pour accuser ou pour te défendre ? — Continuellement,
Socrate ; à la maison, tantôt quelqu'un accuse les autres et tantôt
il se justifie lui-même ; alors, j'écoute, et je tâche de confondre le
mensonge ; avec les amis, tantôt je me plains de l'un et je me loue
d'un autre ; tantôt je réconcilie des parents, en m'efforçant de
leur prouver qu'il est plus avantageux d'être amis qu'ennemis.
Sommes-nous en présence du général, tantôt nous prenons le parti
d'un autre qui est accusé injustement, tantôt nous censurons ceux
d'entre nous qui obtiennent des distinctions imméritées. Dans nos
discussions domestiques, souvent nous louons un projet que nous

---

1. — Il sera peut-être utile d'appeler l'attention de certains lecteurs sur
cette pratique aussi simple qu'hygiénique de cet homme « *beau et bon* par
» excellence » ; Xénophon a jugé utile de la noter au passage et elle paraît
assez analogue à nos frictions au gant de crin. Tout en la conservant soigneusement pour les chevaux, les modernes la négligeaient à peu près
complètement pour eux-mêmes ainsi que pour ceux de leurs semblables
dont ils étaient plus ou moins responsables ; depuis quelques années, on y
revient avec raison.

désirons faire adopter et en critiquons un autre qui nous déplaît ; plus d'une fois, je me suis vu condamné à une peine, à une amende déterminée. — Et par qui, Ischomaque ? Voilà du nouveau pour moi. — Par ma femme ! Socrate. — Et comment te défends-tu avec elle ? — Très bien, quand j'ai le bonheur d'être du côté de la vérité ; mais quand je n'y suis pas, malgré mes efforts, il m'est impossible de faire une bonne cause d'une mauvaise. — C'est, sans doute, Ischomaque, parce que tu ne peux pas rendre vrai ce qui est faux ?

Douzième Chapitre.

Mais que je ne te retienne pas, Ischomaque, s'il est utile que tu partes. — Je ne partirai pas avant la fin de l'assemblée du peuple. — Par Jupiter, tu ne peux pas perdre ton surnom d'homme *beau et bon ;* tu as, sans doute, beaucoup à fa·3, tu attends néanmoins pour tenir la parole que tu as donnée à tes hôtes. — Je ne néglige cependant pas mes affaires, Socrate ; j'ai des contre-maîtres à la campagne. — Quand tu as besoin d'un contre-maître, Ischomaque, cherches-tu un esclave intelligent et essayes-tu de l'acheter, comme lorsque tu as besoin d'un bon ouvrier, ou bien est-ce toi qui les forme ? — C'est moi, Socrate, qui m'applique à les former. Un homme qui doit me remplacer quand je ne suis pas là, a-t-il besoin de savoir autre chose que ce que je sais ? Si je suis assez savant pour surveiller les travaux, ne suis-je pas capable de communiquer cette science à un autre ?

— Celui qui te remplace lorsque tu es absent, ne doit-il pas, premièrement, avoir de l'attachement pour toi et pour les tiens ; car, sans cela, à quoi pourrait servir le plus habile contre-maître ? — A rien, Socrate ; aussi, c'est le premier sentiment que je tâche de lui inspirer pour moi et pour tous les miens. — Au nom des Dieux, Ischomaque, comment y parviens-tu ? — En lui faisant du bien toutes les fois que les Dieux m'en font à moi-même [1]. — Tu veux dire que l'attachement est excité chez ceux auxquels tu fais part des biens qui t'arrivent, et alors, ils cherchent à contribuer à ta prospérité. — Je ne vois pas de meilleur moyen, Socrate, pour provoquer l'attachement. — Lorsqu'un esclave montre de l'attachement, Ischomaque, est-il, dès lors un bon contre-maître ? — Tous les hommes soupirent après le bien-être et cependant beaucoup ne veulent pas se donner la peine nécessaire pour se procurer les biens qu'ils désirent. Pour avoir de bons

---

1. — Voilà une règle aussi utile que belle ; l'application doit s'en présenter souvent, mais les résultats n'en peuvent être que meilleurs. Et n'avons-nous pas entendu dire que celui qui voudra la suivre exactement, n'aura pas beaucoup de temps à perdre ?

contre-maîtres, je les forme à la vigilance et à l'amour du travail.

— Et comment ? Par tous les Dieux, je n'aurais jamais cru qu'il existât un art de rendre les hommes vigilants et laborieux. — Ne va pas t'imaginer qu'ils sont tous en état de profiter de ces leçons [1]. — Dis-moi donc quels sont ceux avec qui l'on peut espérer de réussir, afin que je les connaisse bien. — D'abord, Socrate, jamais on ne rendra soigneux ceux qui ne peuvent pas modérer leur passion pour le vin : l'ivrognerie paralyse la mémoire. — N'y a-t-il que ceux-là ? ou bien en est-il encore d'autres ? — Assurément, il y a les dormeurs, car, en dormant, ils ne peuvent ni faire l'ouvrage, ni surveiller ceux qui le font. — En est-il encore d'autres, Ischomaque ? — Oui, Socrate, ceux qui sont trop portés à l'amour ; ils ne peuvent s'intéresser qu'à l'objet de leur passion. Est-il en effet un espoir plus doux, une occupation plus attrayante que celle de l'amour ? Est-il un supplice plus cruel que celui de quitter ce que l'on aime pour remplir un devoir pénible ! Quand je rencontre des gens pareils, je n'essaie même pas de les former. — Et ceux qui sont intéressés au gain, est-il impossible d'en faire de bons contre-maîtres ? — Non, par Jupiter, non, la chose n'est pas impossible, ce sont, au contraire, ceux qui sont dans les meilleures conditions. Il suffit de leur prouver une chose, savoir que le gain est la récompense du travail. — Et ceux qui, sans avoir les défauts que tu viens d'énumérer, sont pourtant peu intéressés au gain, comment les formes-tu à la vigilance, que cherches-tu à obtenir d'eux ? — C'est bien simple, Socrate, lorsqu'ils font preuve de soin et d'application, je leur donne des louanges, je cherche à leur accorder quelque distinction ; lorsqu'ils montrent de la négligence, j'essaie de piquer leur amour propre par des observations et des reproches [2].

— Ne discutons pas, Ischomaque, sur les bonnes ou mauvaises qualités de ceux que tu cherches à former, mais dis-moi s'il est possible qu'un homme négligent puisse rendre les autres vigilants ? — Non, par Jupiter, pas plus qu'un homme ignorant la musique n'est en état de former des musiciens. Il est difficile d'apprendre ce qui est mal enseigné. Quand le maître montre de la négligence, l'esclave deviendra-t-il soigneux ? En résumé, je ne crois pas avoir jamais vu de bons serviteurs à un maître négligent, tandis que j'ai vu des serviteurs négligents appartenant à des maîtres vigilants, mais ils étaient châtiés de leur paresse.

1. — Il nous semble que cette remarque ne doit s'appliquer qu'à des personnes d'un niveau très inférieur, ou trop âgées pour qu'il soit possible de modifier leurs habitudes.

2. — Voilà, dans ses grandes lignes, une étude des plus intéressantes et des plus utiles sur le choix des hommes capables de surveiller ou de diriger les autres, et sur les moyens à employer pour les former ou les stimuler. Consulter sur ce même sujet ce qui concerne l'intendante, f° 25, et le chapitre I du livre II des *Mémoires sur Socrate*, du même auteur.

Celui qui veut avoir des serviteurs soigneux doit avoir l'œil à tout, se faire rendre compte de tout, récompenser l'habileté, encourager sans hésitation ceux qui s'appliquent à bien faire et punir la négligence. On cite un mot d'un barbare qui me semble bien digne d'attention : le Roi de Perse venait d'acheter un superbe cheval ; désirant l'engraisser au plus tôt, il demanda à un habile écuyer quel était le meilleur moyen pour y parvenir rapidement. « L'œil du maître » répondit celui-ci. Ce mot s'applique à tout ; grâce à l'œil du maître, tout prospère et tout s'embellit.

Treizième Chapitre.

Quand tu as convaincu un de tes serviteurs qu'il est avantageux pour lui de se montrer vigilant dans tout ce que tu confies à sa surveillance, est-il, dès lors, un bon contre-maître ou faut-il qu'il apprenne encore autre chose ? — Certainement, il faut qu'il apprenne ce qu'il doit faire, dans quel moment et de quelle manière [1] ; autrement il ne serait pas plus utile qu'un médecin qui viendrait, soir et matin, visiter un malade, mais qui ne saurait pas ce qu'il est bon de lui prescrire. — Quand il connaîtra bien la méthode à suivre, lui manquera-t-il encore quelque chose, ou sera-t-il alors un contre-maître accompli ? — Selon moi, Socrate, il faut aussi qu'il possède l'art de commander.

— Est-ce encore toi qui lui apprend cet art ? — Je fais tous mes efforts pour cela. — Par tous les Dieux, Ischomaque, comment t'y prends-tu ? — D'une manière si simple, Socrate, que tu vas rire. — Mais non, Ischomaque, ce n'est point une chose dont il soit permis de rire ; car celui qui enseigne l'art de commander peut aussi enseigner l'art d'être maître et celui qui enseigne l'art d'être maître ne peut-il pas enseigner l'art de gouverner ? Il ne faut donc pas rire des paroles de cet homme ; selon moi, on lui doit les plus grands éloges. — Les animaux apprennent à obéir par deux moyens : les châtiments lorsqu'ils sont rebelles, les bons traitements lorsqu'ils sont dociles. Le jeune cheval devient docile parce qu'on le flatte, lorsqu'il est soumis, tandis que, lorsqu'il est rétif, on le soumet à des exercices pénibles, jusqu'à ce qu'il ait appris à obéir. N'est-ce pas par ces mêmes moyens que les petits chiens, qui sont si inférieurs à l'homme sous le rapport de l'intelligence et de la voix, apprennent cependant à tourner, à sauter, à faire des culbutes et autres tours semblables ? Quand ils obéissent, on leur donne tout ce dont ils ont besoin ; s'ils refusent d'obéir, on les châtie. La parole n'est pas un moyen moins puissant en ce qui concerne les hommes, car ils obéissent volontiers

---

1. — Voir chapitre XV, f° 36 et remarques 1 et 3.

lorsqu'on leur démontre qu'il est avantageux d'obéir. Quant aux esclaves, il est très facile de les faire obéir parce que leur éducation diffère peu de celle des animaux domestiques. Qu'on satisfasse leur appétit et ils sont tout de suite dans de bonnes dispositions. La louange est l'aiguillon des âmes généreuses ; elle devient pour quelques-uns un besoin aussi impérieux que pour d'autres le boire et le manger.

Voilà les moyens que j'emploie et à l'aide desquels je tâche de me procurer des serviteurs obéissants. J'indique ces moyens à ceux que je choisis pour contre-maîtres. Je les seconde encore de la manière suivante : lorsque j'ai des vêtements ou des chaussures à distribuer à mes travailleurs, je demande que tout ne soit pas de la même qualité ; je veux de la bonne et de l'inférieure, afin de donner la bonne aux bons ouvriers comme récompense et l'inférieure à ceux qui travaillent moins bien ; car j'ai remarqué que les bons esclaves se découragent en voyant qu'ils font la plus grosse partie des travaux et que néanmoins on traite aussi bien ceux qui travaillent moins et ceux qui ne partagent pas volontiers les tâches périlleuses lorsque cela est nécessaire. Pour moi, je me garde bien de traiter avec la même égalité les bons et les mauvais travailleurs. Si je vois mes contre-maîtres distribuer le meilleur aux meilleurs esclaves, je les loue. Mais si un esclave obtient des préférences par de basses complaisances ou par des flatteries, loin de fermer les yeux sur cet abus, je réprimande mon contre-maître et je tâche de lui prouver qu'en cela même il consulte aussi mal ses intérêts que les miens.

Quatorzième Chapitre.

— Enfin, Ischomaque, lorsqu'il sait commander assez bien pour se faire obéir, le crois-tu un contre-maître accompli ? Ou bien, quand il a toutes les qualités dont tu viens de parler, lui en manque-t-il encore quelques-unes ? — Certainement, Socrate, il faut encore que le bien du maître soit sacré pour lui et qu'il ne dérobe rien. Quelle utilité pourrait-on trouver à cultiver la terre par l'entremise d'un homme qui, assez hardi pour piller le bien qu'il est chargé d'administrer, rendrait inutiles tous les travaux ?

— Est-ce encore toi qui te charge de donner ces leçons de justice ? — Oui, Socrate, mais il s'en faut de beaucoup que je trouve tous les esprits disposés à les recevoir [1]. Pour enseigner

[1]. — Après avoir donné clairement tant d'indications si intéressantes, Xénophon aurait-il voulu nous laisser trouver qu'il n'y a qu'une « chose à prouver » aux contre-maîtres, savoir : qu'il leur sera plus avantageux de suivre la justice, c'est-à-dire d'être honnêtes ?

à mes contre-maîtres cette sorte de justice qui entre dans mon plan, je me sers des lois de Dracon et de celles de Solon, car il me semble que ces deux législateurs ont édicté beaucoup de lois propres à l'inspirer. Des châtiments sont fixés contre le vol : la prison pour le voleur pris sur le fait ; la peine de mort contre le vol avec effraction. Pourquoi ont-ils édicté ces peines si ce n'est en vue de rendre infructueux le bien mal acquis ? C'est en expliquant ces lois à mes serviteurs que je tâche de les rendre fidèles. J'emprunte aussi quelques articles des « Lois Royales » ; car les premières ne prescrivent que des châtiments pour les prévaricateurs, tandis que ces dernières punissent l'injustice et promettent des récompenses à celui qui se conduit honnêtement ; de sorte que l'homme injuste qui voit le juste devenir plus riche, apprend, précisément parce qu'il a l'âme intéressée, à s'abstenir de toute injustice [1]. — Ceux qui cherchent à me tromper malgré mes enseignements, je considère leur cupidité comme incurable et je les mets hors de service. Ceux que je vois satisfaits du sort meilleur que mérite leur probité et qui, de plus, sont sensibles aux éloges, je les traite comme des hommes *beaux et bons*. Ils trouvent chez moi l'aisance et les égards dus à l'honnêteté ; car si je ne me trompe, Socrate, l'honnête homme diffère de l'homme avide de gain en ce qu'il ne cherche que l'honneur et la louange, soit lorsqu'il travaille, soit lorsqu'il brave les dangers, soit lorsqu'il s'abstient de tout gain honteux.

Quinzième Chapitre.

— Je suppose, Ischomaque, que tu as inspiré à un contre-maître le désir de voir prospérer ta maison et cet attachement nécessaire pour qu'il travaille à ton bien-être ; tu l'as instruit à retirer des divers travaux les résultats les plus avantageux ; tu lui as appris à commander ; par dessus tout, il est heureux de faire rentrer dans ta maison les récoltes les plus abondantes et les plus belles, il agit en tout comme tu agirais toi-même [2]. Je ne te demanderai plus s'il lui manque encore quelque chose : c'est un trésor qu'un pareil contre-maître ; mais revenons sur une question que nous n'avons fait qu'effleurer. — Laquelle ?

— Tu m'as dit [3], qu'il faut suivre les meilleures méthodes, que la vigilance est inutile lorsqu'on ne sait ni ce que l'on doit faire, ni

---

1. — Voici, peut-être, le germe du mot de Franklin, que nous avons cité plus haut, f° 25, remarque 1.

2. — Remarquons ici, comme au f° 15, ces récapitulations amenées avec tant d'art quelles échappent à l'attention de l'esprit charmé ; elles sont de la plus grande utilité pour une solide instruction.

3. — Voir chapitre XIII, f° 33.

quand, ni comment on doit le faire [1]. Grâce à la clarté de tes
explications, j'ai très bien compris quelle éducation il faut donner
à un contre-maître ; car je crois concevoir exactement comment
tu arrives à l'attacher à tes intérêts, à le rendre laborieux, capable
de commander et honnête. Mais nous avons à peine parlé des
principes qui doivent guider celui qui veut devenir bon agriculteur,
de ce qu'il doit faire, des méthodes à suivre et du temps opportun
pour les divers travaux. Si tu me disais qu'il faut avoir appris à
lire et à écrire, lorsqu'on veut soit écrire sous la dictée, soit lire
ce qui a été écrit ; j'entendrais bien qu'il faut connaître l'art de
lire et d'écrire, mais cela ne me rendrait pas plus savant dans cet
art [2]. De même, en ce moment, je n'ai pas de peine à comprendre
qu'un bon contre-maître doit être au courant de l'agriculture ;
mais, tout en sachant cela, je n'en suis pas plus avancé sur les
principes de cet art. Si dans ce moment même je me décidais à
cultiver un champ, je ressemblerais à un médecin qui ferait des
visites et examinerait l'état des malades sans savoir quels
remèdes il faut appliquer à leurs maux. Pour que je ne ressemble
pas à ce médecin, apprends-moi les principes de l'agriculture [3].

— C'est-à-dire que tu veux que je te donne des leçons d'agriculture ? — C'est qu'en effet, Ischomaque, l'agriculture enrichit ceux
qui savent, tandis que le cultivateur ignorant vit dans la misère,
quelque peine qu'il se donne [4]. — Tu vas juger, Socrate, combien
cet art est propice à l'homme. Tu sais que nous appelons nobles
les animaux remarquables par leur beauté, leur grandeur, leur
utilité, qui se laissent apprivoiser par nous ; comment ne pas
donner le même titre au plus utile, au plus agréable, au plus beau
des arts, à cet art si chéri des Dieux et des hommes, et par dessus
tout si simple dans ses principes ? Il n'a pas l'inconvénient des
autres arts, qui exigent un long apprentissage avant que ceux qui
les exercent en puissent vivre honorablement. Regarde travailler

1. — Socrate connaissait bien toute l'importance de La Méthode ; Xénophon
en parle beaucoup et Platon encore plus ; il nous dit dans le *Cratyle* : « Les
» actes doivent être faits selon leur nature et non selon notre opinion.
» Par exemple, si nous entreprenons de couper quelque chose, pourrons-
» nous la couper comme il nous plaira et avec ce qui nous plaira ? Si nous
» coupons chaque chose comme sa nature veut qu'elle soit coupée et avec
» ce qu'il faut, n'est-il pas vrai que nous ferons bien et réussirons, tandis
» que si nous allons contre sa nature nous ne réussirons pas et ne ferons
» rien de bien ? » Il nous semble superflu de rappeler que Descartes a été
surnommé « Le Père de La Méthode ».

2. — Voir le chapitre VIII et la remarque 2 du f° 22.

3. — Xénophon revient souvent à ces comparaisons avec *le médecin*
(voir f° 33) ; Platon continuellement ; Socrate les employait beaucoup, sans
doute ; il devait avoir de bonnes raisons pour cela, car il est facile de cons-
tater que Napoléon Ier ne les dédaignait pas. — Mais si les autres arts peuvent
tirer un grand bénéfice de comparaisons *bien faites* avec l'art médical, l'art
médical ne peut-il pas en tirer des comparaisons faites avec les autres arts ?

4. — Il nous semble que si ce dialogue avait été écrit par Platon, il n'aurait
pas manqué de demander s'il en est de même dans tous les arts ?

le cultivateur, écoute-le raisonner, et bientôt, si tu le veux, tu seras capable de donner des leçons d'agriculture. Je te crois même déjà très avancé sans que tu t'en doutes. En général, les artistes paraissent réserver, pour eux seuls, les secrets de leur art ; ici, c'est le contraire, l'agriculteur le plus habile soit à planter, soit à semer, est content quand on l'observe. Questionnez-le sur les procédés qui lui réussissent, il ne vous cache rien, tant l'agriculture inspire de générosité à ceux qui l'exercent !

— Voilà un beau début, Ischomaque, et certes il ne peut qu'inviter ton auditeur à te questionner. Puisque cet art est si noble, c'est une raison, pour toi, d'entrer dans les plus grands détails. Tu n'auras pas beaucoup de peine pour m'enseigner des choses faciles ; moi seul je dois rougir de les ignorer, surtout lorsqu'elles sont d'une si grande utilité.

Seizième Chapitre.

— Je veux commencer, Socrate, par te prouver qu'on attribue mal à propos de grandes difficultés à cet art que des philosophes, habiles en discours mais non en pratique, subordonnent à des règles compliquées. Selon eux, pour être bon agriculteur, il faut connaître la nature de la terre. — Ont-ils tort sur ce point, Ischomaque ? Si l'on ignore ce que peut nourrir un terrain, comment saura-t-on ce qu'on doit semer ou planter ? — C'est une connaissance qu'on peut acquérir, Socrate, même sur le terrain de ses voisins, en regardant quels arbres et quels fruits il porte [1]. Cette connaissance, une fois acquise, il faut bien se garder de contrarier la nature. Ce n'est pas en plantant ou en semant selon nos besoins que nous obtiendrons les plus belles récoltes, c'est en cherchant ce que la terre aime à produire et à nourrir [2]. Si, par suite de la négligence de son propriétaire, un terrain n'indique pas le parti qu'on en doit tirer, souvent la terre voisine donnera des renseignements plus exacts que le voisin lui-même. La terre nous renseigne sur sa nature même lorsqu'elle est en friche, car si sa végétation naturelle est belle, bien cultivée, elle donnera de belles récoltes. Voilà, même pour les moins savants, la meilleure manière de connaître la nature du sol. — Dès ce moment, Ischomaque, je prends courage ; je vois que je ne dois pas renoncer à l'agriculture dans la crainte de me tromper sur la nature des terrains. Ce que tu viens de dire me fait, d'ailleurs, souvenir des pêcheurs

---

1. — Voilà comment, à cette époque, on suppléait aux champs d'expérience de M. Ville.

2. — On pourrait bien rencontrer quelques personnes qui diraient que cela a été réglé ainsi pour nous enseigner la solidarité et ses avantages.

qui, dans leurs expéditions, ne s'arrêtent pas par curiosité, ne ralentissent nullement leur course et cependant, tout en longeant rapidement les côtes, à la seule inspection des fruits, ils jugent de la bonne ou mauvaise qualité des terres ; ils méprisent les unes et vantent les autres, et je vois que ceux qui sont experts en agriculture jugent généralement ainsi de la fertilité d'une terre.

— Par où veux-tu que je commence mes leçons d'agriculture ? car je m'aperçois, Socrate, que tu sais déjà beaucoup de choses que j'aurai à te dire sur ce sujet. — La première chose que je voudrais apprendre comme la plus digne d'un homme ami de la sagesse, c'est par quels procédés je pourrais obtenir la plus abondante récolte d'orge ou de blé, si je me livrais à l'agriculture.

— Sais-tu qu'il faut labourer avant d'ensemencer ? — Oui. — Si nous faisons le premier labour en hiver ? — Nous ne trouverons que de la boue. — Choisiras-tu l'été ? — L'attelage aurait trop de peine pour soulever la terre. — Le printemps paraît donc le moment le plus favorable pour commencer. — C'est, en effet, dans cette saison surtout que la terre est friable et plus facile à labourer. — Ajoute, Socrate, que les mauvaises herbes coupées par la charrue et ensuite recouvertes de terre, servent d'engrais, sans répandre la graine qui les reproduit. Tu sais également, je pense, que pour obtenir un bon résultat, la terre doit être débarrassée des mauvaises herbes et exposée à la chaleur des rayons solaires ? — Je suis entièrement de cet avis, Ischomaque. — Penses-tu pouvoir y arriver mieux qu'en donnant à la terre le plus de façons possibles, pendant l'été ? — Je suis convaincu, Ischomaque, que pour arracher les mauvaises herbes, les détruire, et bien réchauffer la terre, il n'y a pas de meilleur moyen que de labourer au plus fort de l'été et au milieu du jour. — Si on travaille la terre à la bêche, au lieu de la charrue, n'est-il pas évident qu'il faut arracher avec la main les mauvaises herbes ? — Oui, et de plus les étaler à la surface du sol, de manière à ce qu'elles se dessèchent ; il faut aussi briser la terre pour lui ôter sa crudité et en faciliter la coction.

Dix-septième Chapitre.

— Tu vois, Socrate, que nous sommes tous deux du même avis en ce qui concerne le labour. — C'est vrai ! — As-tu une opinion particulière sur le temps des semailles, ou bien suivrais-tu la méthode jugée la meilleure par les cultivateurs d'aujourd'hui, comme par ceux qui nous ont précédés : l'automne arrivé, tous regardent le ciel, ils attendent qu'une pluie bienfaisante permette d'ensemencer les champs. — Personne, Ischomaque, ne se décide volontiers à ensemencer un terrain sec ; on sait combien de pertes ont subies ceux qui l'ont fait avant que la Divinité ait donné le signal.

— Voilà donc un point sur lequel tous les cultivateurs sont d'accord ? — Certainement, parce qu'on n'est jamais en désaccord sur ce que la Divinité enseigne ; par exemple, en hiver, tous les hommes croient qu'il vaut mieux, lorsqu'on le peut, porter des vêtements plus épais ; tous croient qu'il vaut mieux faire du feu lorsqu'on a du bois. — Il y a pourtant, Socrate, quelques divergences au sujet des semailles ; les uns préfèrent le commencement de la saison, d'autres le milieu et quelques-uns la fin. — Parce que Dieu n'a pas fixé invariablement le temps de chaque année. Telle année, il est plus avantageux de semer de bonne heure, telle autre de semer tard ; pour quelques-unes, c'est le milieu qui est le plus avantageux. — Mais toi, Socrate, soit que l'on ait peu ou beaucoup de terre à ensemencer, quel moment crois-tu le plus propice, ou penses-tu qu'il vaut mieux commencer de bonne heure et continuer jusqu'aux dernières limites ? — Je crois, Ischomaque, qu'il est préférable de semer aux trois périodes ; car il vaut mieux, à mon avis, avoir chaque année une récolte suffisante que d'avoir tantôt l'abondance et tantôt la disette. — Voilà encore une fois le disciple de l'avis du maître et même il prononce avant lui.

— Est-ce qu'il y a aussi, Ischomaque, différentes règles pour jeter la semence ? — Voilà encore, Socrate, une chose qui demande de l'attention ; tu sais probablement que c'est avec la main qu'on doit jeter la semence. — Oui, car je l'ai vu. — Les uns ont le talent de la jeter également, les autres ne l'ont pas. — Faut-il donc exercer la main, comme le cithariste exerce ses doigts à obéir à ses sentiments ? — Oui, Socrate.

— D'accord, Ischomaque, mais si une terre est maigre tandis qu'une autre est grasse ? — Comment l'entends-tu ? Appelles-tu maigre une terre légère et grasse une terre forte ? — Précisément. — Donneras-tu à ces deux sortes de terres la même quantité de semence ou à laquelle des deux en donneras-tu plus qu'à l'autre ? — J'ai l'habitude, Ischomaque, de verser plus d'eau dans le vin le plus fort ; s'il s'agit de porter des fardeaux, je charge davantage le plus robuste, et s'il fallait nourrir un certain nombre de personnes j'en donnerais un plus grand nombre au citoyen le plus riche. Une terre légère se fortifierait-elle en recevant plus de grain, comme une bête de somme bien nourrie[1] ? — Tu badines, Socrate ; cepen-

---

1. — La semence ne représente pas la nourriture de la terre, elle représente son fardeau, son travail. Ce qui fertilise la terre, c'est le labour, le fumage, l'action du soleil, combinée avec celle de l'air et de l'eau.

dant si, après avoir semé, tu retournes la terre lorsque le germe, échauffé par l'influence du ciel, sera monté en herbe, c'est comme une nourriture que tu donnes à ton champ, c'est un engrais qui le fertilise [1]. Si au contraire tu laisses le grain croître librement jusqu'à sa maturité, il sera aussi difficile à une terre légère d'en produire beaucoup qu'à une truie languissante de nourrir quantité de petits déjà forts. — Tu dis donc, Ischomaque, qu'il faut donner moins de semence à une terre légère ? —Assurément, Socrate, et tu en conviens toi-même, puisque tu es d'avis qu'un homme faible doit être chargé d'un moindre fardeau.

— Et le sarcloir, Ischomaque, pourquoi le fait-on passer au milieu des grains ? — Tu sais apparemment, Socrate, qu'il pleut beaucoup pendant l'hiver ? — Est-il possible de l'ignorer ? —Eh bien ! supposons qu'il y a des grains enterrés sous la boue et des racines mises à l'air par le ravinement des eaux ; supposons encore que, favorisées par l'humidité, de mauvaises herbes poussent en même temps que le bon grain et l'étouffent. — Tout cela peut arriver. — Eh bien, alors, les graines n'ont-elles pas besoin d'aide ? — Certainement, Ischomaque. — Et comment, selon toi, venir au secours du grain enterré sous la boue ? — En brisant la couche de limon qui l'enserre. — Et comment secourir celui dont les racines sont mises à nu ? — En le couvrant de terre. — Et si les mauvaises herbes étouffent le bon grain, si elles lui dérobent les sucs qui doivent servir à le développer, semblables au frelon paresseux qui dérobe à l'abeille les sucs qu'elle apporte avec peine dans la ruche pour se nourrir ? — Par Jupiter, comme on chasse les frelons de la ruche, de même il faudra arracher soigneusement les mauvaises herbes. —Tu approuves donc à présent l'usage du sarcloir ? — Tout-à-fait, Ischomaque, et je songe à l'utilité d'employer des comparaisons justes ; tu m'as mis bien plus en colère contre les mauvaises herbes, en les comparant aux frelons que lorsque tu m'en parlais sans faire cette comparaison.

Dix-huitième Chapitre.

— Il s'agit ensuite de moissonner ; apprends-moi ce que tu sais sur ce point. — Oui, Socrate, à condition que tu ne sois pas aussi savant que moi. Tu sais qu'il faut couper le blé ? — Belle demande ! — Oui, mais le coupe-t-on en se tenant sous le vent ou à contre-vent ? — Pas à contre-vent, car les yeux et les mains auraient à

---

1. — Mais lorsqu'on fait manger l'herbe par les moutons ce n'est pas un engrais pour la terre ? Nous nous trouvons peut-être en présence d'une des premières applications du forçage.

souffrir si le vent envoyait contre le moissonneur l'épi et ses barbes. — Et couperas-tu la paille près de l'épi ou à fleur de terre ? — Si le blé est court, je couperai bas pour que la paille ait une longueur suffisante ; s'il est haut, je couperai à mi-chaume, pour épargner un travail inutile aux batteurs et aux vanneurs. Quant à la paille qu'on laisse sur le sol, je pense qu'elle le fertilise, si on la brûle ; et, si on la jette au fumier, elle en augmente la quantité. — Tu le vois, Socrate, tu es pris sur le fait et convaincu d'en savoir autant que moi sur la manière de moissonner.

— Je suis tenté de le croire, Ischomaque, mais voyons si je sais aussi comment il faut battre. — Tu sais que ce sont les bêtes de somme que l'on emploie pour ce travail ? — Comment ne le saurais-je pas ? Je sais aussi que l'on appelle indistinctement bêtes de somme, les bœufs, les chevaux et les mulets. — Tu penses bien que ces animaux ne peuvent faire autre chose que fouler le grain sur lequel on les conduit ? — Ils ne peuvent, en effet, en savoir davantage. — Mais, qui veillera, Socrate, à ce qu'ils ne foulent que ce qui doit être foulé et à ce que les épis présentent une surface plane ? — Il est évident que ce sont les batteurs. En retournant la paille et en ramenant sous les pieds des animaux ce qui n'y aurait pas passé, ils obtiendront un foulage prompt et convenable. — A cet égard, Socrate, tu es encore aussi savant que moi.

— Ensuite, Ischomaque, nous nettoyons le blé en le vannant. — Assurément, mais sais-tu que si tu commences à vanner contre le vent, la balle couvrira l'aire toute entière ? — Cela doit être. — Et en conséquence, toute la balle reviendra sur le grain. — Il serait en effet singulier qu'elle passât par dessus le blé pour aller se rendre dans la partie vide de l'aire. — Mais si tu commences à vanner sous le vent ? — Il est évident qu'alors la balle sera emportée en dehors de l'aire. — Quand tu auras vanné le grain jusqu'au milieu de l'aire, continueras-tu en le laissant toujours épars, ou le ramasseras-tu autour du poteau central pour qu'il occupe le moins de place possible ? — Oui vraiment, je l'y rassemblerai de manière que la balle, passant par dessus, soit emportée dans la partie vide et que je ne sois pas obligé de vanner deux fois la même balle. — Certes, tu pourrais enseigner aux autres la manière de vanner promptement. — Je ne me connaissais pas ce talent que je possède pourtant depuis bien des années. Et qui sait, sans m'en douter, je suis peut-être orfèvre, joueur de flûte ou peintre ? Personne, il est vrai, ne m'en a donné des leçons : mais, avais-je reçu des leçons d'agriculture ? Or, je vois que l'agriculture est un art comme ceux que je viens de citer [1]. — Ne t'ai-je pas dit, depuis longtemps, Socrate, que l'agriculture est le plus noble

1. — Voir la suite de cette question f* 44 et 48.

des arts, parce qu'on l'apprend facilement ? — Je le vois bien,
Ischomaque, puisque tout instruit que j'étais, j'ignorais cependant
mon savoir.

Dix-neuvième Chapitre.

L'art de planter les arbres fait-il partie de l'agriculture ?
— Certainement, Socrate. — Alors, comment se fait-il que je n'en-
tende rien à planter lorsque je sais semer ? — Toi, tu ne sais pas
planter ? — Eh comment le saurais-je, moi qui ne connais ni le
terrain propice aux plantations, ni la profondeur, ni la largeur
qu'il faut donner aux fosses, ni à quel niveau il convient de placer
le jeune plant pour qu'il devienne beau ? — Apprends donc ce
que tu ne sais pas. Tu as vu, j'en suis sûr, des fosses creusées
pour y planter des boutures ? — Oui, bien souvent. — En as-tu
vu qui eussent plus de trois pieds de profondeur ? — Non, par
Jupiter, elles n'avaient pas plus de deux pieds et demi. — En
as-tu vu ayant plus de trois pieds de largeur ? — Non, elles
n'avaient pas même deux pieds. — Réponds encore, Socrate, en
as-tu vu qui eussent moins d'un pied de profondeur ? — Jamais
moins d'un pied et demi, parce que les arbres, plantés à fleur de
terre, tomberaient au moindre coup de bêche. — Tu sais donc
qu'on ne donne aux fosses ni plus de deux pieds et demi ni moins
d'un pied et demi[1] ? — Nécessairement, Ischomaque, comment ne
pas savoir ce qui frappe tous les yeux ! — Distingues-tu à la
vue un terrain sec et un terrain humide ? — On appelle secs, les
terrains voisins du Mont Lycabette, et humides ceux qui sont
près du marais de Phalère ; on peut juger un sol quelconque en
le comparant avec ces deux terrains[2]. — Donneras-tu plus de
profondeur aux fosses dans un terrain sec ou dans un terrain
humide ? — Dans un terrain sec, Ischomaque, car en creusant un
terrain humide, on rencontre l'eau ; or, on ne fait rien de bon en
plantant dans l'eau.

— Bien répondu ; mais, une fois les fosses préparées, as-tu
remarqué quel moment on choisit pour planter chaque espèce
d'arbres ? — Oui, certes ! — Tu désires, sans doute, que tes plants
prennent racine le plus vite possible ; eh bien, crois-tu que le pivot

---

1. — Cette règle doit avoir été basée sur l'imitation de la Nature, et, pour
la trouver, on a dû déplanter un certain nombre d'arbres, se trouvant
autant que possible de même force et dans les mêmes conditions que
ceux que l'on voulait planter.

2. — Voilà un des plus importants leviers de la science humaine ; aussi
Descartes a écrit dans les *Règles pour la direction de l'esprit* : « Le lecteur
» fera bien... de se persuader que toute connaissance qui ne s'acquiert pas
» par l'intuition pure et simple d'un objet individuel s'acquiert par la
» comparaison de deux ou plusieurs objets. Presque toute l'industrie humaine
» consiste à préparer cette opération. »

de la bouture perce plus vite dans une terre meuble que dans une terre dure faute de façon ? — Il est évident qu'il percera plus vite dans une terre meuble que dans celle qui ne l'est pas. — Faut-il mettre sous le plant une couche de bonne terre ? — Assurément. — Mais, penses-tu que la bouture prenne racine plus facilement plantée toute droite ou bien courbée horizontalement à sa partie inférieure, de manière à ressembler à un Gamma renversé L ? — Par Jupiter, c'est de cette dernière manière que je planterai, car on renferme plus d'yeux dans la terre. Je vois les branches sortir des yeux de la partie exposée à l'air ; cela nous apprend que ceux qui sont sous terre produisent les racines. Or, plus le plant aura de racines, plus il se fortifiera promptement. — Sur ce point, Socrate, te voilà encore aussi savant que moi [1]. Mais combleras-tu simplement la fosse ou prendras-tu soin de fouler convenablement la terre autour de la bouture ? — Certainement, je la foulerai, car sans cette précaution, la pluie pourrait transformer la terre en boue ou le soleil la sécher jusqu'au fond, de sorte qu'il serait à craindre ou que l'humidité pourrisse le plant, ou que la chaleur dessèche les racines trop échauffées. — Pour planter la vigne, Socrate, tu en sais autant que moi.

— Et le figuier, faut-il le planter de la même façon ? — Oui, ainsi que tous les arbres fruitiers, car, une méthode bonne pour la vigne ne peut être mauvaise pour les autres arbres. — Mais l'olivier, Ischomaque, comment le planterons-nous ? — Tu le sais fort bien, mais tu veux encore me mettre à l'épreuve. Comme on le plante ordinairement sur le bord des chemins, tu as vu qu'on lui fait une fosse plus profonde ; tu as vu également des marcottes dans toutes les plantations, tu as observé qu'on entoure la tête d'une terre grasse et qu'on la couvre ? — J'ai vu tout cela. — Eh bien ! qu'y a-t-il que tu ne comprennes pas ? Ignores-tu comment on met une coquille sur la terre grasse ?

— Je sais tout ce dont tu viens de parler ; mais je cherche en moi-même pourquoi je t'ai dit non, il n'y a qu'un instant, lorsque tu me demandais si je savais planter. Je ne me croyais pas en état de rien dire de bien sur ce sujet ; puis aux questions que tu m'as successivement posées, s'il faut t'en croire, j'ai répondu précisément ce que tu sais, toi, l'agriculteur par excellence ! Interroger, c'est donc enseigner ? Je me rappelle quel art tu y mettais ; guidant mon esprit à travers ce qu'il savait, pour lui présenter ensuite d'autres idées, liées par des rapports naturels avec les premières, tu m'as prouvé que je savais ce que je croyais

---

1. — N'oublions pas cependant qu'il y a une grande différence entre la théorie et la pratique, et que cette dernière ne peut s'acquérir que par une habitude plus ou moins prolongée.

ignorer [1]. — Mais, si je te questionnais sur l'argent de bon ou de mauvais aloi, pourrais-je te persuader que tu sais distinguer s'il est au titre, ou non ? Si je te parlais de musique, de peinture ou d'autres arts, pourrais-je te persuader que tu sais jouer de la flûte, peindre ou exercer ces autres arts ? — Peut-être, puisque tu m'as prouvé que je savais l'agriculture, alors que je sais qu'on ne m'en a jamais donné des leçons. — La conséquence n'est pas exacte, Socrate ; depuis longtemps, je te répète que l'agriculture est un art si propice, si favorable, qu'on ne peut manquer d'y devenir habile pourvu qu'on sache se servir de ses oreilles et de ses yeux [2]. C'est elle-même qui nous enseigne les moyens d'obtenir les plus beaux résultats ; je vais te le prouver immédiatement. En grimpant sur les arbres qui se trouvent près d'elle, la vigne ne nous enseigne-t-elle pas à lui donner des tuteurs ? Lorsque les grappes sont nouvelles et que la vigne étend de toutes parts son feuillage, est-ce qu'elle n'avertit pas, par cela même, d'ombrager les raisins exposés aux rayons brûlants du soleil ? Et quand elle se dépouille de ses feuilles, à l'époque où le soleil mûrit les raisins, est-ce qu'elle ne nous apprend pas à faciliter la maturité des fruits, en les dégageant ? Par un effet naturel de sa fécondité, elle nous présente ici des raisins mûrs et, à côté, des raisins encore verts, et nous enseigne ainsi qu'il faut les cueillir, comme les figues, au fur et à mesure de leur maturité.

Vingtième Chapitre.

— Si tout ce qui a rapport à l'agriculture s'apprend si facilement, si tous les hommes en connaissent aussi bien les principes, comment se fait-il donc, Ischomaque, qu'il y ait de si grandes différences dans les résultats ? Pourquoi les uns vivent-ils dans l'abondance, augmentant chaque jour leur fortune, tandis que les autres n'arrivent pas à se procurer le nécessaire et, souvent, font encore des dettes ? — Je vais te le dire, Socrate ; en agriculture, ce n'est ni le savoir qui enrichit, ni l'ignorance qui ruine. Jamais tu n'entendras dire : telle maison est ruinée parce qu'on a semé inégalement, parce qu'on a planté des vignes dans des terrains

1. — Passage important à méditer et approfondir ; d'abord, parce que l'enseignement, dissimulé de cette manière, est mieux accepté et beaucoup plus profitable pour celui qui le reçoit, même et surtout sans s'en douter ; ensuite, parce que, avec de la réflexion et du travail, on peut arriver à s'interroger soi-même, à interroger la nature, l'histoire, etc., comme on interroge ses semblables.

2. — Mais encore faut-il apprendre à se servir de ses yeux, de ses oreilles et surtout de son intelligence, comme on apprend à se servir de tous les instruments ; et, s'il est vrai que plus les instruments sont perfectionnés, plus il faut de précautions, d'études et d'exercices, « souviens-toi, comme dit Épictète, que tu ne dois pas travailler médiocrement pour y arriver ».

qui n'étaient pas propices, parce qu'on ne savait pas qu'il faut labourer un terrain avant de l'ensemencer, parce qu'on ignorait qu'il faut fumer la terre. Mais tu entendras dire : cet homme ne récolte point de blé parce qu'il s'applique à tout autre chose qu'à fumer et ensemencer ; cet homme ne récolte pas de vin parce qu'il n'a pas soin de planter des vignes, ni de faire produire celles qu'il possède ; cet homme ne recueille ni figues, ni olives parce qu'il ne s'occupe ni de ses figuiers, ni de ses oliviers et ne fait rien de ce qui est nécessaire pour en avoir. C'est de cette différence de travaux et de soins, bien plus que de la découverte de procédés spéciaux, que résulte la différence de fortune des agriculteurs.

Ici, il en est de même que dans les expéditions guerrières où tel général l'emporte sur tel autre. Est-il plus savant ? Non, mais il est plus vigilant, plus soigneux, car, ce que savent les généraux, tous le savent à peu près, mais les uns le mettent en pratique avec soin, et les autres avec négligence. Par exemple : tous les guerriers savent qu'en approchant de l'ennemi il vaut mieux marcher en ordre pour être, en cas de besoin, prêt à combattre ; c'est une règle que tous connaissent, mais tous ne l'observent pas. Personne n'ignore combien il est utile de placer, jour et nuit, des sentinelles avancées ; les uns le font, mais d'autres le négligent. Tous savent que, lorsqu'on doit traverser un défilé, il vaut mieux s'emparer des positions qui le dominent, que de ne pas le faire ; il y en a cependant qui négligent cette précaution, tandis que d'autres la prennent. De même en agriculture, tout le monde te dira qu'il n'y a rien de meilleur que le fumier pour fertiliser la terre, on sait comment il se fait, on le voit se former de lui-même, et malgré la facilité de s'en procurer, les uns prennent la peine d'en faire des provisions, les autres n'y pensent même pas.

D'un côté, Socrate, le Dieu du ciel nous envoie la pluie qui convertit en mares tous les fossés ; de l'autre, la Terre produit toutes sortes de plantes parasites dont on doit la débarrasser lorsqu'on veut semer. Arrachez ces herbes, jetez-les dans l'eau, le temps les transforme en éléments de fécondité. Quelle herbe, en effet, quelle terre ne se convertit pas en fumier dans des eaux stagnantes ?

Tous les agriculteurs savent quels travaux il est utile de faire dans un sol trop humide pour y semer du grain, ou trop imprégné de sel pour pouvoir y faire des plantations ; c'est par des tranchées qu'on facilite l'écoulement des eaux ; et l'on amende un terrain trop imprégné de sel en y mêlant des substances non salines, sèches ou humides. Quelques-uns font ces travaux, mais beaucoup les négligent.

Suppose, si tu veux, qu'on ignore absolument ce que peut produire une terre, qu'on n'en ait vu ni plante ni fruit, qu'on

4.

ne puisse être renseigné par personne, n'est-il pas plus facile, pour qui que ce soit, de se rendre compte des qualités d'un terrain que de celles d'un cheval ou d'un homme ? Jamais la terre ne trompe par de fausses apparences : elle dit simplement et franchement ce qu'elle peut ou ne peut pas produire.

Comme l'agriculture n'exige que des connaissances simples, et paie le travail avec usure [1], elle me semble permettre de distinguer facilement les paresseux et les hommes courageux. Bien différente des arts, qui permettent aux paresseux de prétexter leur ignorance, elle dénonce nettement les âmes lâches et viles ; en effet, personne ne pouvant s'imaginer qu'il subsistera sans avoir le nécessaire, celui qui refuse de cultiver la terre, lorsqu'il n'a pas d'autre profession pour subvenir à ses besoins, démontre clairement qu'il projette de devenir mendiant, voleur, brigand, ou bien qu'il a tout à fait perdu la raison.

Une vérité, dont il est important de se convaincre, c'est que, dans l'agriculture, le bon ou mauvais succès dépend de la bonne ou mauvaise conduite [2] ; et, pour ceux qui occupent un grand nombre de travailleurs, il tient à ce que les uns les surveillent, tandis que les autres négligent de le faire. Un bon surveillant vaut dix hommes, quand il emploie bien son temps ; comment lui comparer celui qui abandonne un travail avant qu'il soit fini ? Si tu laisses tes ouvriers travailler mollement toute la journée, il y aura une différence de moitié dans le résultat de l'ouvrage. Sur une route de deux cents stades, on voit quelquefois deux voyageurs également jeunes et robustes, laisser entr'eux une différence de moitié, lorsque l'un ne perd pas de vue l'objet de sa course, tandis que l'autre en prend à son aise, regarde çà et là, et cherche le frais à l'ombre des arbres ou au bord des fontaines. Il en est de même par rapport à l'ouvrage ; quelle différence entre des ouvriers qui exécutent ponctuellement ce qu'on leur commande et ceux qui, au lieu d'obéir, cherchent des prétextes pour ne rien faire et s'abandonner à l'indolence [3]. Entre un travail fait avec

---

1. — C'est bien vrai ; un homme qui travaille la terre suffit pour lui faire produire ce qui est nécessaire à plusieurs de ses semblables. Si tous les hommes se consacraient à l'agriculture ou aux professions qui s'y rattachent nécessairement, ils n'auraient pas besoin de travailler plus de cinq ou six heures par jour d'un travail salutaire à l'esprit comme au corps. Mais, les modernes, si fiers de leur soi-disant progrès sur les anciens, ont inventé et inventent continuellement toutes sortes de besoins factices, de travaux inutiles et malsains, qui réduisent les hommes à travailler plus que les esclaves de l'antiquité et les tuent, non sans souffrances, longtemps avant le terme fixé par la nature.

2. — Voir remarque 4 du Chap. XV, f° 36.

3. — Là, comme dans tous les cas similaires, il s'agit d'apprendre, de prouver et démontrer qu'il est plus avantageux, plus honorable et plus agréable de travailler que de paresser ; de faire telle chose que de ne pas la faire et de la faire convenablement que de la mal faire ; ce qui nous amène au *possible*, au *juste*, et à *l'utile* de l'école Socratique.

soin et celui qui est fait avec négligence, il y a, pour moi, autant de différence qu'entre travailler sans interruption ou rester entièrement oisif. Suppose, en effet, que des travailleurs, chargés d'extirper les mauvaises herbes de ma vigne, la bêchent de telle manière qu'elles y poussent aussi vigoureuses et aussi nombreuses, ne dirons-nous pas avec raison qu'il n'y a rien de fait[1]. Voilà ce qui ruine les maisons bien plus que l'ignorance ; car si tu fais largement les frais nécessaires, sans diriger les travaux de manière à ce qu'ils t'indemnisent des dépenses, sera-t-il étonnant de voir la misère succéder à l'aisance[2] ?

Pour les cultivateurs laborieux et vigilants, il y a en agriculture un moyen infaillible de faire fortune ; mon père le pratiquait et me l'a transmis. Jamais il ne permettait d'acheter un champ bien cultivé. Mais si l'on trouvait une terre inculte ou non plantée par suite de la négligence ou de la gêne du propriétaire, c'était celle-là qu'il conseillait d'acheter. Il disait qu'un champ bien cultivé coûtait très cher, sans être susceptible d'améliorations, et il pensait que cette impossibilité de l'améliorer ne laissait à l'acquéreur aucune perspective de plaisir, parce que le meilleur moyen d'en éprouver était, à son avis, la possession d'un troupeau ou d'un bien quelconque s'améliorant de jour en jour[3]. Or, quel revenu est plus sensible que celui d'un champ rendu fertile alors qu'il était inculte. Cette manière de faire est si avantageuse et si simple, qu'après m'avoir écouté, tu t'en iras aussi savant que moi et même, si tu le veux, en état de communiquer ta science aux autres[4].

---

1. — Voilà un exemple bien frappant de la différence de résultats que peut donner une opération qui paraîtrait semblable à celui qui l'examinerait superficiellement : En bêchant une terre, on la fertilise pour tout ce qui s'y trouve ; si on y laisse les mauvais germes, ils en profitent aussi bien que les bons, ce qui explique que l'opération peut être utile, inutile, et même nuisible. On rencontrerait peut-être des gens capables de soutenir qu'il en est de même pour ce qui concerne l'instruction, la richesse, etc.

2. — Après ces explications d'Ischomaque, ne peut-on pas dire qu'il y a deux parties dans chaque science ou art : la première, qui comprend la connaissance des règles et des principes, et la seconde (sans laquelle la première donne des résultats tout à fait aléatoires) qui comprend la connaissance de la valeur et de l'importance des règles et principes ? Et, comme Platon nous a appris que les arts sont doubles pour les philosophes, nous aurons encore une troisième partie, comprenant la science du bien, sans laquelle les plus beaux résultats sont inutiles.

3. — Souvenons-nous que Socrate disait à Antiphon : « Tu sais que, » sans l'espoir du succès, on ne goûte aucune jouissance, tandis que, si on » pense réussir en agriculture, dans la navigation, ou dans toute autre » profession que ce soit, on s'y livre avec autant de joie que si on réussissait » déjà. Crois-tu, cependant, que ce soit un bonheur égal à celui que donne » l'espoir de se rendre meilleur soi-même et ses amis ? »

4. — N'avons-nous pas connu personnellement deux commerçants qui, de nos jours, appliquaient cette méthode à deux branches de commerce très différentes ? — Napoléon avait raison de dire qu' « une idée féconde » exerce son influence sur toutes les époques » et on pourrait peut-être ajouter : sur toutes les branches de l'activité humaine.

Mon père n'avait reçu des leçons de personne[1], et il ne se mit pas l'esprit à la torture pour trouver cette combinaison ; comme il le disait lui-même, l'amour de l'agriculture et du travail lui avait seul fait rechercher des terres où, tout en travaillant, il trouva et profit et plaisir. Car, de tous les Athéniens, mon père était, sans contredit, le plus passionné pour l'agriculture[2].

— Quand il avait amélioré un champ, Ischomaque, le gardait-il ou bien le vendait-il lorsqu'il en trouvait un bon prix ? — Il le vendait, Socrate, et aussitôt, par amour du travail, il en achetait un autre, mal cultivé, qui lui permit d'exercer son goût pour les travaux agraires. — D'après ce que tu dis, Ischomaque, il me semble que ton père avait, pour l'agriculture, le même amour que le marchand de blé a pour cette céréale ; et, comme il l'aime avec passion, dès qu'il entend parler d'un pays qui regorge de blé, aussitôt ses vaisseaux voguent, soit sur la mer Egée, soit sur le Pont-Euxin, soit sur la mer de Sicile ; il arrive, il en achète le plus possible et après avoir bondé de blé, même le vaisseau qui le porte, il reprend aussitôt la mer. Et pour en faire de l'argent, ce n'est pas au hasard ni au premier endroit venu qu'il débarque ; il amène son blé et le livre seulement dans les pays où il a entendu dire que cette denrée est au plus haut prix. Il me semble que c'est à peu près ainsi que ton père était passionné pour l'agriculture ? — Tu plaisantes, Socrate ; pour moi, il me semble qu'un homme qui vend des maisons au fur et à mesure qu'il les bâtit, n'en est pas moins un véritable amateur de maisons. — En vérité, Ischomaque, je pense, ainsi que toi, qu'on aime naturellement ce dont on espère tirer quelque avantage.

Vingt et unième Chapitre.

Mais, j'admire comme tout vient à l'appui de ton sujet ! Tu voulais me prouver que l'agriculture est le plus facile des arts ; ce que tu viens de dire m'en a parfaitement convaincu. — Par

---

1. — Voir Chapitre XVIII, f° 41 et Chapitre XIX, f° 44. — L'insistance de Xénophon à ramener ces expressions : « Personne ne m'en a donné des » leçons... Mon père n'avait reçu des leçons de personne... » pourrait nous induire à penser que Xénophon combat la Règle de Platon, qui veut qu'on puisse dire : quand on a appris une chose, si on l'a trouvée soi-même, ou de qui on a reçu des leçons, et quelles preuves on peut donner de son savoir. Mais, en se reportant aux passages indiqués ci-dessus, on est amené à penser que Xénophon avait seulement l'intention, ou d'encourager les gens timides ou de faire remarquer qu'on peut savoir une chose, sans savoir qu'on le sait ; ce qui est expliqué plus clairement par Descartes disant : « L'action de la pensée, par laquelle on croit une chose étant » différente de celle par laquelle on connaît qu'on la croit, elles sont sou- » vent l'une sans l'autre. »

2. — Platon ne nous a-t-il pas conservé une preuve que, dans les mystères, on enseignait aux anciens que « les héros tirent leur origine de l'amour » ? comme parlent ses traducteurs !

Jupiter, j'en suis ravi, Socrate. Pour ce qui concerne le talent de commander, si nécessaire en agriculture, en économie domestique, en politique, à la tête des armées, je conviens avec toi que tous les hommes ne sont pas également doués. Suppose un navire qui vogue en pleine mer, on veut, à force de rames, achever un parcours ; tel chef de rameurs sait, par ses paroles et ses actes, animer tous ses hommes ; on rame avec ardeur et bientôt on débarque, couvert de sueur, mais le chef, se louant des rameurs et les rameurs se louant de leur chef ; tel autre est tellement dépourvu d'intelligence qu'il faut le double de temps pour faire le même trajet ; on arrive au port sans être fatigué, mais le chef déteste les rameurs qui détestent leur chef. Il en est de même des généraux : sous les ordres de celui-ci les soldats deviennent paresseux, lâches ; ils refusent d'obéir, et n'y consentent qu'à la dernière extrémité ; incapables de rougir d'un échec déshonorant, ils se font gloire de résister à leur chef. Que ces mêmes soldats passent, avec d'autres, sous les ordres d'un bon général, ils rougiront bientôt de la moindre lâcheté ; persuadés qu'il est plus sage d'obéir, ils se feront gloire de leur discipline. Devient-il nécessaire d'endurer des fatigues ? Bien loin de se décourager, ils les supportent volontiers. Sous les ordres d'un bon général, une armée entière, brûlant de l'ardeur d'accomplir de beaux exploits sous l'œil de son chef, se laisse enflammer comme un seul homme, par l'amour de la gloire et des périls [1].

Qu'ils sont puissants les hommes qui savent former de pareils soldats ! Les généraux redoutables ne sont pas ceux qui, fiers de leur taille et de leur force, habiles à lancer les flèches ou le javelot, bons écuyers, montés sur un cheval vigoureux, et munis d'un solide bouclier, se présentent au premier rang pour défier les ennemis, mais ceux qui savent inspirer à leurs soldats le courage de les suivre au milieu des fatigues et des dangers ; on a bien raison d'appeler grand général celui qu'accompagne une troupe animée de pareils sentiments et de dire qu'il s'avance avec un bras puissant, celui auquel tant de bras obéissent [2] ; et d'ailleurs, n'est-il pas plus grand de faire de grandes choses par l'intelligence, plutôt que par la force corporelle ? Il en est de même en *Économie domestique* ; le maître ou le contre-maître savent-ils rendre

---

1. — En faisant l'application des mêmes principes aux faits qui se passent sous nos yeux, ne serons-nous pas obligés de dire que si les élèves, les domestiques, les ouvriers, etc., sont mauvais, c'est de la faute des professeurs, des maîtres, des patrons et des chefs de tout ordre ? Et alors, tout le monde ramassera des pierres pour nous les jeter. Donnerons-nous tort à Socrate ? Si c'est lui qui est dans le vrai, « il nous en cuira », comme dit Aristophane.

2. — Ne serait-ce pas cette belle page ou quelqu'autre semblable qui aurait fait dire à Napoléon Ier : « A force de réfléchir on parvient à saisir la clef » de la philosophie de Socrate et de Platon ; mais il faut être métaphysicien » et il faut, de plus, même avec des années d'étude, une aptitude spéciale... » ?

les ouvriers ardents au travail, assidus et appliqués ; par eux la maison prospère, ils y font régner l'abondance. J'estime peu un maître qui a le pouvoir de punir sévèrement les paresseux et de récompenser convenablement les bons travailleurs et dont la présence ne produit aucun effet lorsqu'il paraît. Mais celui dont la présence met tout en mouvement, dont les regards inspirent à tous de l'émulation, de l'ardeur et une ambition qui tourne au profit de chacun, je dirai d'un tel homme : il a l'âme d'un Roi.

Voilà, selon moi, le point important dans l'agriculture, comme dans tout ce qui se fait par le moyen des hommes. Mais, je suis bien loin de dire qu'il suffit d'un exemple ou d'une leçon pour acquérir ce talent ; je soutiens, au contraire, que pour y parvenir, il faut un naturel heureux, de l'instruction, et ce qui est plus encore, une inspiration divine. Je ne puis croire, en effet, que régner sur les cœurs soit une œuvre purement humaine ; c'est une œuvre divine et les Dieux ne l'accordent qu'à la véritable prudence [1]. Quant au dangereux avantage de commander aux hommes en tyran, ils le donnent, selon moi, à ceux qui sont dignes de vivre comme Tantale, éternellement tourmenté, dit-on, dans les enfers, par la crainte de mourir deux fois [2].

---

[1]. — Mais celui qui, pour atteindre cette véritable prudence, ne négligera ni le passé, ni le présent, ni les choses matérielles, ni les choses intellec-tuelles, ni les arts, ni les sciences, ni les effets, ni les causes, négligera-t-il la cause première ? Ne devra-t-il pas s'en occuper avant tout ? À moins que, par méthode et par respect, il ne juge plus sage, plus prudent de ne s'en occuper que beaucoup plus tard, lorsqu'il se sera exercé et formé sur des études plus faciles, où les erreurs sont moins dangereuses et moins difficiles à remarquer ?

[2]. — César se souvenait peut-être de ce passage de Xénophon le jour où il dit à ses amis qui lui conseillaient de s'entourer de gardes : « Il vaut » mieux mourir une fois que d'appréhender continuellement la mort. » « Persuadé, ajoute Plutarque, que l'affection du peuple était la plus hono-» rable sauvegarde et la plus sûre. »

AU LECTEUR

Pour encadrer, selon sa valeur, le remarquable dialogue qu'on vient de lire, il aurait fallu :

1° Le faire précéder par un *argument* indiquant l'ordre et l'enchaînement des idées successivement développées par Xénophon.

2° Le faire suivre par un *index-alphabétique* permettant de retrouver aisément les différents sujets traités par l'auteur et de rapprocher les divers passages où il traite une même idée.

3° Il eut été bon de terminer par un *essai sur la Méthode de Socrate*, en dégageant, le mieux possible, ses principes, ses règles, en montrant les applications et les résultats, ainsi que la manière de l'adapter à d'autres études.

Diverses raisons nous ont empêché d'achever ces intéressants travaux ; mais, dans les notes, nous avons tâché de donner quelques indications pouvant s'y rapporter. Et d'ailleurs ne sera-t-il pas plus utile et plus agréable pour chaque lecteur de les faire lui-même ? N'est-ce pas le meilleur moyen de tirer profit de ses lectures ? Nous nous bornons donc à leur offrir quelques recommandations que *les Maîtres* ont bien voulu nous laisser concernant la lecture.

Socrate disait à Antiphon : « *Les trésors que les anciens* » *sages nous ont laissés dans leurs livres, je les parcours en* » *société de mes amis ; si nous rencontrons quelque chose de* » *bien, nous le recueillons et nous regardons comme un grand* » *profit de nous être utiles les uns aux autres.* » (Xénophon, » Mémoires sur Socrate.)

Socrate disait encore à Hippias : « *J'ai toujours coutume,* » *lorsque quelqu'un parle, d'être fort attentif, surtout si j'ai lieu* » *de juger que celui qui parle est un homme habile. Et comme* » *j'ai grande envie de comprendre ce qu'il dit, je le questionne,* » *j'examine, je rapproche ses paroles les unes des autres, afin de* » *mieux concevoir.* » (Platon, Second Hippias.)

Dans le « Théétète » Platon fait dire par Socrate : « *Il vaut* » *mieux approfondir peu de chose que d'en parcourir beaucoup* » *d'une manière insuffisante.* »

Sénèque écrivait à Lucilius : « *Dans la lecture, il faut* » *d'abord savoir choisir ses auteurs, s'y arrêter ensuite et s'en* » *nourrir pour ainsi dire : sans cela point de fruits, du moins* » *durables pour l'esprit.* »

Descartes écrit à Voet : « *Si vous eussiez voulu savoir ma* » *véritable opinion sur les livres, vous n'aviez qu'à consulter mon* » *Discours de la méthode, vous y auriez vu que j'ai dit en termes*

» exprès que nous retirons de la lecture des bons ouvrages
» autant de profit que de la conversation des Grands hommes
» qui en ont été les auteurs, et peut-être même davantage,
» puisque ceux-ci nous offrent dans leur composition, non pas
» toutes les pensées qui se présentent à leur esprit, ainsi qu'il
» arrive dans un entretien familier, mais bien seulement leurs
» pensées choisies ;... Ce qu'il y a d'important et d'utile dans
» les livres des Génies supérieurs ne consiste pas en telle ou telle
» pensée que l'on peut en extraire, le fruit précieux qu'ils ren-
» ferment doit sortir du corps entier de l'ouvrage ; et ce n'est pas
» de prime-abord et par une seule lecture, mais peu à peu, par
» une lecture attentive et souvent répétée, que nous nous péné-
» trons sans nous en apercevoir des idées de ces Grands hommes,
» que nous les digérons, que nous les convertissons en quelque
» sorte en notre propre substance. »

Dans sa lettre à M. Dacier, FÉNELON s'associe avec HORACE :
« Je crierais volontiers à tous les auteurs de notre temps que
» j'estime et que j'honore le plus :

» Vos exemplaria Græca
» Nocturna versate manu, versate diurna.

» (Les Grecs sont nos guides fidèles,
» Feuilletez jour et nuit ces antiques modèles.) »

Ne pourrons-nous pas répéter ici cette phrase de NAPOLÉON Ier
que nous avons déjà citée ? « A force de réfléchir on parvient à
» saisir la clef de la philosophie de Socrate et de Platon ; mais
» il faut être métaphysicien (ou le devenir) et il faut de plus,
» même avec des années d'étude, une aptitude spéciale... »

Tous ces textes paraissent confirmer ce que Platon écrivait aux
parents et amis de Dion, au sujet de la " science des principes ", qui
est liée si étroitement à celle des causes : « Il n'en est pas de cette
» science comme des autres : elle ne se transmet pas par des
» paroles. C'est après un long commerce, après de longs jours,
» passés dans la commune méditation de ces problèmes qu'elle
» jaillit tout à coup comme l'étincelle qui s'échappe d'un foyer
» ardent et que paraissant dans l'âme, elle la nourrit d'elle-
» même. » Et il nous semble que nous ne saurions mieux terminer
qu'en redisant les paroles que Socrate adresse à Critobule à la fin
du deuxième chapitre : « A l'école des maîtres que je t'indique,
» et avec l'aide des Dieux, je crois que tu pourras devenir un
» habile administrateur. »

PAU, le 30 Septembre 1906.

Pau — Imprimerie-Stéréotypie Garet. — J. Empérauger, imprimeur.

www.ingramcontent.com/pod-product-compliance
Lightning Source LLC
LaVergne TN
LVHW022141080426
835511LV00007B/1204